支持性回应

搭建亲子互动的脚手架

赵红梅 著

机械工业出版社

面对孩子成长过程中的种种挑战，家长的回应方式往往着眼于消灭问题，而忽视了问题背后孩子能力的成长。本书为家长提供了一种着眼于促进孩子内在成长的回应方式——支持性回应，具体介绍了家长可以直接使用的四类支持性回应工具——言语类"脚手架"、动作类"脚手架"、游戏类"脚手架"和工具类"脚手架"，结合3~6岁孩子成长过程中非常具有代表性的18个"关键事件"，帮助家长发现孩子成长的"最近发展区"，促进孩子在性格、情绪、表达和社交等方面的关键成长。

图书在版编目（CIP）数据

支持性回应：搭建亲子互动的脚手架 / 赵红梅著.
北京：机械工业出版社，2025.9. -- ISBN 978-7-111-78962-8

Ⅰ. G781

中国国家版本馆CIP数据核字第20256X1222号

机械工业出版社（北京市百万庄大街22号　邮政编码100037）
策划编辑：陈　伟　邵鹤丽　　责任编辑：陈　伟
责任校对：丁梦卓　张　薇　　责任印制：任维东
北京科信印刷有限公司印刷
2025年9月第1版第1次印刷
145mm×210mm・6.125印张・102千字
标准书号：ISBN 978-7-111-78962-8
定价：59.80元

封底无防伪标均为盗版

电话服务　　　　　　　　　　网络服务
客服电话：010-88361066　　机 工 官 网：www.cmpbook.com
　　　　　010-88379833　　机 工 官 博：weibo.com/cmp1952
　　　　　010-68326294　　金 书 网：www.golden-book.com
　　　　　　　　　　　　　　机工教育服务网：www.cmpedu.com

推荐序

给孩子搭个"脚手架"吧，他会让你看到成长

应红梅之邀，为她的新书写序。她知道我事情比较多，还特意为我宽限了两个星期。为了完成任务，趁端午假期，我认真通读了书稿，还是有些话想说的……特别是在"六一"这个特别的日子做这件事情，冥冥中有种使命的意义。

书的内容和写作风格，一如红梅一贯的特点：娓娓道来地讲故事。平时，我们聊天，她就是这样，不急不慌地描述，总能和我们谈的主题呼应，有料又有趣。

言归正传，作为父母或者师长，尽管自己经历很多跟跟跄跄，但一旦长大，常常会忘了那曾经的坎坷。面对孩子层出不穷的"问题行为"：一碰就碎的"玻璃心"、一点就炸的"小脾气"、固执己见的小身影、社交中怯生生的神情……我们常常陷入两难：严厉管教怕伤了孩子，温柔包容又恐失了规矩，讲道理如对牛弹琴，最终在日复一日的应对中精疲力竭。怎么办？

本书的核心，正是要为您提供另一种视角和一套切实可行的做法，将一场"拉锯战"转化为共同成长的珍贵旅程。其精髓在于"支持性回应"。这绝非简单的

安慰技巧或变相的操控手段,而是基于一种儿童发展理论——维果茨基的"最近发展区"以及脚手架式支持策略。

我们通常在讨论认知发展时讲"最近发展区",但其实在孩子自己所能做到的与在支持者帮助下所能达成的成就之间的差距,都应该是这个概念所含之意,也更能反映"教育应该走在发展的前面"原则。采用这一理论贯穿书中的实践方案,还是很贴切的。

孩子每一个看似"不当"的行为背后,都可能隐藏着一个亟待发展的能力支点,成为呼唤支持的成长契机。发脾气,可能是情绪调节能力尚未成熟;固执己见,或许是自主意识萌发却缺乏灵活的应对策略;社交退缩,也许是理解互动规则或表达需求的能力不足;词汇匮乏、表达混乱,更是思维发展与语言组织需要有力支撑点的表现……我们根据经验的"纠错式回应"(如斥责、讲大道理、包办、忽视),往往聚焦于消除表面的问题,却忽视了行为背后孩子真实的、发展性的需求,甚至可能错失成长的关键节点。

要做到"支持性回应",可能需要我们养育者和教育者做出一些改变:

- 从"纠错者"到"发展观察者"。不再急于评判行为的好坏,而是要细致观察:这个行为发生在什么情境中?孩子此刻的感受和需求是什么?他/她在这个领域,已经能独立做到什么(现有水平如何)?在恰当帮助下,有可能达到什么(最近发展区)?精准定位这个"最近发展区",是有效回应的起点。

- 从"要求者"到"脚手架搭建者"。定位了发展需求,便不做高高在上的"指挥者",而是根据情境成为"脚手架搭建者"。本书的第二部分详尽介绍了四大类(言语、动作、游戏和工具类)成长"脚手架",使用者可以按图索骥,找到相应的关键事件及其可以借鉴的具体做法,尝试解决所遇到的具体问题。

- 从"永久依靠"到"适时撤除者"。"脚手架"的精髓在于其临时性。我们的目标不是让孩子永远依赖我们,而是在提供恰到好处的支持后,敏锐地观察其能力的提升,并逐步、适时地帮助他们独立运用新获得的能力。这需要极大的耐心和智慧,却是培养孩子自主性和韧性的关键一步。

总之,红梅的这本指南不仅提供了科学的"脚手架"思维——帮助养育者和教育者定位孩子能力的"最近发展区"，还提供了很多从实践中总结出来的"支持性回应"方法，即搭建了实用的"脚手架"方案。愿这一努力能够帮助大家将日常遇到的养育困扰转化为塑造孩子韧性、自信与社交技能的关键节点，成为孩子坚定的支持者和循序引导的成长伙伴。

　　我们一起努力，共勉！

苏彦捷

2025 年 6 月 1 日北京大学王克桢楼

目 录

推荐序
给孩子搭个"脚手架"吧,他会让你看到成长

第一部分　支持性回应:把"问题"变为成长的"契机"

第一章　支持性回应:孩子成长的"脚手架" /002

一、当孩子表现不好时,你是如何回应的 /002
  1. 四种典型的不当回应方式 /004
  2. 不当的回应方式会带来哪些问题 /007

二、支持性回应:从关注"问题"转向关注"成长" /010
  1. 支持性回应的核心:最近发展区和脚手架 /011
  2. 一个支持性回应的例子 /013
  3. 支持性回应的深远意义 /014

三、如何回应:支持性回应的三个步骤 /021
  1. 定位"脚手架":找准问题背后孩子的最近发展区 /021
  2. 选择"脚手架":提供适宜的成长"脚手架" /025
  3. 撤除"脚手架":及时撤除"脚手架",减少依赖性 /028

四、回应什么:孩子成长中的"关键事件" /031
  1. 什么是"关键事件" /031
  2. 理解孩子心理发展的阶段性与连续性 /033

第二章　支持性回应工具箱：四类成长"脚手架" /036

一、言语类"脚手架"：基于孩子语言理解和表达能力的语言回应 /036

　　1. 追问 /036

　　2. 打比方 /037

　　3. 聊天 /038

二、动作类"脚手架"：由父母主动发起和展开的身体互动 /039

　　1. 拥抱 /039

　　2. 捏按 /039

　　3. 捋后背 /039

　　4. 带跳 /040

　　5. 抛甩 /040

三、游戏类"脚手架"：设置卷入体验的兴趣性情境和规则 /041

　　1. 找见游戏 /041

　　2. 假装游戏 /042

　　3. 运动游戏 /042

四、工具类"脚手架"：用特定物品回应孩子 /043

　　1. 绘本 /043

　　2. 可视化图表 /043

　　3. 辅助物 /044

第二部分　如何回应孩子成长中的"关键事件"

第三章　性格有短板 /046

一、有颗"玻璃心"：特别敏感的孩子 /046
　　1. 典型画像："说不得"和"输不起" /047
　　2. 错误回应：小心翼翼，骄纵宠溺 /048
　　3. 支持性回应：补全过程认知，增强"钝感力" /049

二、易暴躁冲动：遇火就爆的"小炸弹" /056
　　1. 典型画像：情绪起伏大，行动欠思考 /057
　　2. 错误回应：斥责控制 /057
　　3. 支持性回应：先放松身体，再强化自控力 /058

三、总固执任性：说一不二的"小霸王" /063
　　1. 典型画像：逆反抗拒，不听意见 /064
　　2. 错误回应：无效劝解和讲道理 /065
　　3. 支持性回应：以柔克刚，消除对抗性 /066

四、浮躁不专注："飘在空中"的孩子 /071
　　1. 典型画像：好动坐不住，缺乏耐心 /072
　　2. 错误回应：压抑控制，刻意安静 /073
　　3. 支持性回应：以孩子为师，拴住心思 /074

五、内向放不开：家有一株"含羞草" /079
　　1. 典型画像：喜欢独处，对不熟悉的人和事感觉不舒服 /080

    2. 错误回应：提出新要求和新任务 /081
    3. 支持性回应：具身学习，羞愧脱敏 /082

六、自卑不自信：喜欢做"缩头乌龟" /086
    1. 典型画像：不敢当众表现，自我否定 /087
    2. 错误回应：忽视感受，指责比较 /088
    3. 支持性回应："他信"之后才有自信 /089

七、嫉妒爱攀比：孩子成了"虚荣的孔雀" /094
    1. 典型画像：自我中心，容易感受到来自同伴的压力 /095
    2. 错误回应：否定、嫌弃和忽视 /096
    3. 支持性回应：由内向外打破畸形需求的"魔咒" /097

第四章　情绪问题大 /102

一、愤怒生气：不断鼓起的"气球" /102
    1. 典型画像：一言不合就发脾气，不会调节情绪 /103
    2. 错误回应：严厉指责和压抑孩子的情绪 /103
    3. 支持性回应：运动起来，把气撒出去 /104

二、委屈失落：总是"向外求"的孩子 /109
    1. 典型画像：生闷气，喜欢退缩和回避 /109
    2. 错误回应：忽视或轻视，认为孩子"无病呻吟" /110
    3. 支持性回应：带孩子换个位置看世界 /111

三、紧张焦虑：慌慌不安的"慌孩子" /116
    1. 典型画像：对特定情境感到强烈不安 /116
    2. 错误回应：轻视、否定孩子的感受 /117

3. 支持性回应：勇敢地戒除回避行为 /118

四、恐惧害怕：怕黑的男孩 /123

　　1. 典型画像：面对特定事物或场合非常紧张害怕 /124

　　2. 错误回应：否定、轻视或嘲笑 /125

　　3. 支持性回应：陪孩子体验暗适应 /126

第五章　表达能力差 /132

一、嘴笨，有话说不出：呆若木鸡的"憨娃" /132

　　1. 典型画像：口头表达差，不喜欢表达 /133

　　2. 错误回应：贴标签或者包办代替 /133

　　3. 支持性回应：提速语言组织进程 /134

二、词穷、言语很匮乏："有进没出"的孩子 /139

　　1. 典型画像：语言表达中的词汇单调，句子简单 /139

　　2. 错误回应：要求孩子多阅读 /140

　　3. 支持性回应：练习语言的内化和顺应 /141

三、逻辑差、表达混乱：说话总"断片儿"的孩子 /146

　　1. 典型画像：表达没条理，逻辑混乱 /147

　　2. 错误回应：喜欢打断纠正，没有耐心 /147

　　3. 支持性回应：充当孩子的提词器 /148

第六章　不会交朋友 /154

一、刻板不灵活，不会加入游戏：一被拒绝就不知道怎么办的

孩子 /154

    1. 典型画像：不善于与同伴互动，非语言沟通差 /155

    2. 错误回应：包办代替、批评指责、贴标签或泛泛
       回应 /155

    3. 支持性回应：拓展认知和社交路径 /156

二、吵架后难受，不懂怎么和好：独自悲伤的小伙伴 /162

    1. 典型画像：起冲突后情绪反应大，不知如何处理 /162

    2. 错误回应：批评指责或消极等待 /163

    3. 支持性回应：深入理解友谊，克服自我中心 /164

三、没有固定玩伴，找不到归属感："玩无定所"的孩子 /169

    1. 典型画像：被动社交，情绪低落 /170

    2. 错误回应：传递焦虑，安排朋友，贬低友谊 /170

    3. 支持性回应：先处好亲子关系再建立同伴关系 /171

四、受到同伴排斥，缺乏吸引力：徘徊在人群外的孩子 /176

    1. 典型画像：不懂社交和游戏规则，表达能力差 /177

    2. 错误回应：指责、鼓励报复或强加干涉 /177

    3. 支持性回应：提高同伴接纳度 /178

支持性回应
搭建亲子互动的脚手架

第一部分
支持性回应：把"问题"变为成长的"契机"

Chapter One

第一章　支持性回应：孩子成长的"脚手架"

一、当孩子表现不好时，你是如何回应的

　　一家四口来到面馆吃午饭，没等爸爸妈妈选好位置，一对双胞胎儿子就分别跪到了不同的椅子上。"都给我下来！"爸爸瞪着两个孩子说。说罢，夫妻两人选了一处靠边的位置，招呼两个儿子坐过来。妈妈带着一个儿子坐在沙发椅上，爸爸带着一个儿子坐在桌子对面的椅子上。就在两个大人商量着吃什么的时候，两个孩子开始用筷子敲打起盘子来，妈妈对旁边的儿子说："不能玩儿餐具！乖乖的啊！"爸爸扭过头来，一把夺过身

第一章 支持性回应：孩子成长的"脚手架"

边儿子的餐具，摆回原来的位置，继续选餐。

就在等餐的时候，两个孩子突然都从座位上站了起来，把纸巾揉成球儿，你扔我，我扔你！只见爸爸腾地站起来，指着两个孩子大声说道："纸放下！你们是不是想挨打了？不揍你们就不行是吧？老老实实坐下！看你们谁再不听话？"

妈妈赶紧从包里拿出两个小车玩具，塞给孩子们，哄道："你们别闹了！你们看，有谁像你们一样在餐厅里闹来闹去的？都自己安静地玩会儿车，一会儿面条就做好了！准备好好吃饭！"

这是我在餐厅看到的真实一幕，最初是被爸爸严厉的管教声吸引，后来又看到顽皮好动的孩子，以及父母满是疲惫愤怒的样子。短短几分钟，亲子之间互动了很多次，面对孩子的行为表现，父母的管教和反馈，都是养育孩子时给出的回应。正是这些小小的回应，构成了我们每个家庭内不同的养育风格和互动习惯。

那么，什么是回应？在家庭教育中，**回应是指你身为家长，反馈孩子、与孩子互动的方式。这些方式包括你脑子里的目标、心里的想法、嘴上说的话、身体做的动作、养育中的安排，等等。**

回应孩子，是非常琐碎却又极富挑战性的事情。与孩子日常互动时，不是你给予了回应，就一定会收到良好的教育效果。因为有些回应是否定性和对抗性的，根本达不到促进孩子成长的目的，反而会封闭亲子互动的通道。就像上述案例中，无论是爸爸还是妈妈，他们的回应似乎都不能彻底解决孩子的"问题"，只是通过一些严厉的话语暂时管控住孩子，让他们不再闹下去。

1 四种典型的不当回应方式

一是指责式。 当孩子的实际表现与你内心的期待之间有着很大的落差时，你对孩子的回应多是批评、责备或者指责，带有满满的负面感情色彩。你在通过回应表达对孩子的不认可，认为孩子没有做足努力，把表现不好的原因归咎在孩子做事的态度上，很少和孩子一起考虑调整的方法。

孩子特别怕黑，起初你耐心安抚："没什么可怕的！一会儿就来电了！男子汉大丈夫不要这么怯懦胆小！"可当你发现这些回应根本不管用时，你开始忍不住拉扯孩子，把他按在椅子上说："你就坐在这里！我看你能怕成什么样子？我就不明白了，你又高又壮的，胆子怎么就这么小？"

二是贬低式。你采用贬低、轻视和否定性的言语来回应孩子的言行表现，带有强烈的攻击性。这种回应通常是在你对孩子极度失望，实在无法包容的情况下，肆意发泄自我愤怒情绪的表现。也许你的本意是要激发孩子的斗志和好胜心，但往往适得其反。

孩子嘴笨，有话说不出的时候，你的脸色越来越难看，无奈地摇头，嘴里嘟囔着："这孩子真够笨的！"然后对着孩子嚷了起来："你还要深思熟虑多久啊？想说什么你就直接说啊？还在等什么？嗓子被堵住了？我倒要看看你能憋出什么好想法来！真不知道你随了谁！"

三是忽略式。你对孩子的回应较少，既没目标也没有要求，崇尚"时间的力量"，认为只要时间足够长，问题终能自然而然依靠孩子自身的力量得到解决。这种回应方式夸大了孩子独立成长的作用，说明你缺乏对家庭教育的责任和价值的认识和理解。

孩子在商场里大发脾气，吵着要买新玩具，你一句话也不说，拎起孩子上车直接回家，一路上不看孩子，也不说一句话，任由孩子继续哭闹，你只管开车。进了家门，你把孩子独自留在客厅，自己回屋休息，等你睡醒了，果然发现孩子没再哭了，坐在地上玩着自己的旧玩具。据此，你认为只要对孩子"冷处理"，不惯着孩子，最终孩子都能自己想明白，停止哭闹。

四是说教式。这可能是你最常用的回应方式，你永远认为自己是孩子成长发展中的主体，不断地单方面对孩子进行言语灌输、教导或者训诫，充满主观色彩和权威性，要求孩子必须接受自己的观点和准则。这类回应多是因为你在认知上盲目执念于已有的成功经验，或者是一味沉浸在各种教育理念中，但却严重低估实际行动的价值，养育中总是眼高手低。这样的你，可以说是"言语中的巨人，行动上的矮子"。很多时候，并不是你不肯做，而是你根本不知道怎么做，毕竟知行合一并非易事，不是想做就能做出来的。

孩子总会表现出"玻璃心"，什么都要争第一，不能接受任何失败，更不能输。你拥抱他，安抚他，还会经常鼓励："失败是成功之母！没有失败，哪里来的成功呀？你要对自己有信心，下次一定能赢！有这哭的工夫，还不如去练习呢？自己得懂得做计划呀！光在这里想，就能解决问题吗？快去，自己想办法，想想下次怎么才能赢。你这么聪明，肯定能想出办法！试试闭眼冥想！"

如果你也这样回应过孩子，或者被父母这样回应过，就会发现，上述这些习惯性回应几乎没有什么显著的支持性作用，甚至还会引发更加严重的后果。其中的原因就在于，这些回应都是基于**强势群体－旁观者视角**，一方面毫无忌惮地表达愤怒的情绪，另一方面则试图将自己解决问题的思维方式生硬地照搬给处于弱势地位的孩子，属于典型的"儿童成人化"养育观和互动方式。

2 不当的回应方式会带来哪些问题

无论你回应的对象是成人还是孩子，以上这四种回应方式都是有问题的。为什么呢？仔细分析不难发现：话语里多是反问句，动作上多是冷漠粗暴，情绪中多是抗拒排斥，这样组合起来的回应无法让你的回应对象感受到你的爱、接纳和真诚的帮助。

从孩子的心理发展水平来看，这些回应违背了孩子特有的身心发展特点和规律。你习惯于把孩子当作是跟自己同等心智水平的个体去互动和回应，忽视孩子认识世界特有的思维方式，如同你迫使孩子穿大人衣服、使用成人版桌椅板凳一样，势必造成孩子的不舒适，严重时还会引发危险。如果你总是习惯性地使用上述不当的回应方式，那么你正在持续为孩子的健康成长带来不利影响。

回应本身，是以家长为主要发起者的互动，如果方式不当，那么你回应得越多，越容易引发下面这些问题：

- 孩子的情绪容易受到压抑，你和孩子的情感愈加疏离；
- 孩子产生负面自我认知，容易自卑和自我封闭，陷入自我怀疑的状态；
- 你们的家庭关系紧张，矛盾不断，甚至越来越不和谐，持续恶化。

也许，你也曾担心自己不恰当的回应会给孩子造成心理伤害，比如："狠狠地骂了孩子，会不会导致孩子抑郁？"实际上，偶尔的不当回应，极少会引发孩子严重的心理问题。但毫无疑问，你不当的回应累积越多，对孩子人为造成伤害的可能性就越大。孩子发生心理问题的原因有很多，不能只简单归因在你的回应上，需要更加深入严谨的辨析。

但有一点可以肯定的是，也是你最容易忽视和难以意识到的：你的回应，往往蕴藏着一个更大的潜在风险：你的回应具有**"隐性传承性"**。

接收你的回应时，孩子就在经历社会情绪情感的学习。**你的回应方式之所以对孩子的心理发展至关重要，不仅体现在不当的回应会给孩子造成情感上的伤害，也是因为它可能会让孩子在"一边抗拒一边吸收"的模仿过程中长大。**正如我们常说，有些人最终成了自己最讨厌的样子。

你的养育模式之所以会产生如此巨大的影响力，是因为在回应孩子的过程中，你的言行和解决问题的思维方式，会通过"入眼－入耳－入情"的方式传递给孩子，达到"入脑－入心－入骨"的效果，让孩子自然而然地延续你惯用的养育模式。

你与孩子的互动方式，会给孩子带来难忘的情境性记忆和程序性记忆。这种记忆属于隐性记忆，主要依赖于小脑，不需要意识的参与，不容易受到其他记忆类型和意识的干扰，很少受到情感和情境变化的影响，非常稳固，常常会形成自动化的行为模式，并进一步强化大脑中的神经通路。

比如在你小的时候，父母经常有打骂你的行为，你做了父母之后，极有可能效仿父母而打骂你的孩子，甚至你的行为举动都和父母如出一辙。这时，你便能见证"身教重于言传"的力量。更加不可思议的是，你根本不知道自己什么时候学会的这项"打骂本领"。正所谓"父亲打了儿子，儿子就更有可能打孙子。"这正是在很多家庭中，真实存在的养育文化和问题解决方式的"隐性传承"。

二、支持性回应：从关注"问题"转向关注"成长"

既然指责、贬低、忽略和说教会在我们和孩子的互动带来这么多的问题，那作为家长，在和孩子的日常互动中，尤其是当孩子出现问题、遇到困难的时候，我们应该如何去反馈和回应呢？这就是在本书中我要教给大家的"支持性回应"。

所谓支持性回应，是指聚焦孩子当下心理发展需求，通过语言和非语言的方式，向孩子传递理解、接纳和情感支持，使用适宜的成长"脚手架"，打开亲子沟通通道，搭建出更大的成长空间，让孩子突破成长瓶颈的亲子互动方式。在我们和孩子的互动中，相对于其他回应孩子的方式，支持性回应引导我们把视线从孩子表面的"问题"上移开，转而更多地关注孩子的成长需求和空间。

第一章 支持性回应:孩子成长的"脚手架"

支持性回应,不是嘴上说出来的,也不是脑子里想出来的,它是个十足的**"行动派"**,强调你需要更多地做,更少地说,纵使你学习了再多的教育理论和方法,都不如实实在、亲力亲为地为孩子做一点点小事。即使你在认知上学会了,在行动上也未必能做得出。支持性回应并不是水到渠成的自然之事,而是需要刻意学习和持续尝试、不断迭代改进的实践过程。

1 支持性回应的核心:最近发展区和脚手架

著名心理学家维果茨基提出的社会文化理论,认为儿童认知发展的基础是最近发展区(zone of proximal development,ZPD)和脚手架(scaffolding):即儿童能够独立完成某一任务,与他不能自主完成、但在更具能力的人的帮助下可以完成的任务,两者间的区域便是**最近发展区**;他人在过程中提供的协助或者扶持则被称为**脚手架**。

为此,维果茨基认为教育者在支持儿童发展时,应着眼于最近发展区,通过提供适度的支持,激发儿童的潜力,促进他们跨越最近发展区,达到更高层次的发展。可以说,最近发展区理论为教育实践提供了一个重要的视角,即教育者应关注儿童的发展潜力,而不仅仅是他们当前的表现；应根据儿童的个体差异制订个性化的教育支持计划，通过提供适当的脚手架，搭建出"成长空间"。

孩子爆发脾气时，凭借自己的努力难以平复，这时你没有斥责的话语，而是通过帮助孩子放松紧张的肌肉来进行支持性回应，帮助孩子逐渐调控好情绪。在帮助孩子的过程中，调控情绪即为这一事件中孩子的最近发展区，而你进行的"放松肌肉"的操作，便是脚手架。

支持性回应提倡更多地基于孩子的思维特点，从言语、动作、游戏和工具上具象化地回应孩子，让孩子能够切实看得见、听得懂、感受得到、体验得到父母的回应。

支持性回应着眼于孩子的最近发展区，提倡选用小步子、小方法精巧地支持孩子的发展，特别强调灵活开发可以直接执行、有童趣的互动工具。回应的核心要点为：

- 从孩子最近发展区出发，而不是脱离孩子实际情况，以孩子终身成长为目标，而不是仅仅是以让孩子听话、解决当前行为问题为目标；
- 关注孩子的接受度，回应要尽可能有趣，而不是强制孩子接受；

第一章 支持性回应：孩子成长的"脚手架"

- 回应中的脚手架可采用多种形式，而不局限于言语反馈。

2 一个支持性回应的例子

下面我们通过一个小例子，来进一步了解什么是支持性回应。

有一年的夏天，幼儿园小班新生入学，小朋友排队洗手，只见老师蹲下身体，笑意满满地在跟孩子说着手指儿歌："我是一只小虫子，爬呀爬呀爬，爬到小朋友的胳膊上！爬到后背！爬到肚子！"几个小男孩被这个小游戏逗得"咯咯"笑，一边扭着身体躲闪，一边又期盼老师的小虫子爬过来。正在大家玩得兴致勃勃的时候，一个小男孩直接扇了老师一个巴掌，接着狂打老师的胳膊，嘴巴紧紧地闭着，眼神狠狠的样子！瞬间周边都安静下来，旁边的孩子们不明白发生了什么，愣在那里懵了。老师先是一惊，瞬间关切地问道："宝贝！你不喜欢这个游戏吗？是害怕吗？"男孩大声说，"嗯，虫子不能在身上！妈妈说要把虫子从身上打掉！"一切就这样轻描淡写地过去了，老师的手指不再是虫子，而是变成了小蝴蝶，所有的孩子都笑了。

如果换做是你，你会怎样回应呢？你会不会朝孩子瞪眼？立即训斥孩子一番？当孩子做了让你震惊、感到愤怒和羞辱的事情，你是否能够有意识地尝试从孩子的角度出发，体谅他们的冲动？还是说，你会不分青红皂白地以牙还牙，甚至叫停一切，开始长时间地严厉说教？甚至还要惩罚一番，以示自己是重视对孩子德行教育的家长，要及时扼杀孩子身上"邪恶"的小火苗？

3 支持性回应的深远意义

孩子：积极主动成长

随着年龄的增长，孩子成长过程中的外在变化总是很容易被看到，也更容易实现，比如身体长高、骨骼更结实，但是很多内在的成长却常常是悄然发生的。**父母给予的支持性回应，则是滋养孩子难以觉察的、内心深处积极主动成长的"无形养分"。可以说，父母的支持性回应，带给孩子的绝不仅仅是"情绪价值"，而是难以估量的、积极健康的"身心发展价值"。**

在这里，我想分享一下自己的成长经历，因为真实地发生在自己身上，有非常深刻的情感卷入，更能体悟出作为一个孩子从支持性回应中获取的巨大力量。我们来看看当父母使用"善意的谎言"对孩子进行支持性回

第一章 支持性回应：孩子成长的"脚手架"

应后，能带来哪些真实的改变。回想一下，我发现爸妈对我撒过的谎言可真不少。可神奇的是，在长大以后，我觉得恰恰是这些"善意的谎言"才是驱动和维护我内心乐观自信的"神器"，是父母为我的成长搭建的有效"脚手架"。

四岁那年，我心爱的狗狗死掉了，那是我至今为止唯一养过的狗狗。即使在已经过去了四十多年、一万多天、三十多万个小时的现在，我仍然清晰地记得：它雪白的皮毛上有黑圆点，我把自己的零食都拿给它吃，不幸的是它三个月大时发生意外死了，我站在床边号啕大哭。那是个又黑又冷的晚上，在昏黄的灯光下，我拒绝吃饭，脑子里一片空白，只回荡着一个想法：我的狗狗再也回不来了！我当时根本没有调控情绪的意识，更不懂缓解情绪的办法，只会不停地流眼泪和大哭。但是，当我听到爸妈说他们会再给我养一只一模一样的狗狗时，我瞬间觉得没那么悲伤了，眼泪不再往外流了，肚子里积压的"胀气"也慢慢消散了，开始感觉到饥饿，鼻子里也能闻到餐桌上的饭香了。自此我一直在心底期盼着另一只一模一样的狗狗。

时至今日，我也没有再见到过和那只狗狗相同的眼神和粉嫩的鼻头，但它成了我家孩子们睡前故事里的重要角色。

长大后我问过爸妈，他们当时真的打算再给我养一只狗吗？他们说："肯定不会再给你养了！尤其是看到你伤心的那个样子，我们就担心万一再养死了，我们得费多大力气才能把你哄好？！我们只能骗骗你呀，知道你想要什么，我们就先嘴上满足你呗！"我恍然大悟，原来那是父母对我撒的一个"谎言"。

很多事情在父母眼里算不上什么，对孩子来说却可能是天大的事情。只有当父母真正理解孩子的情绪，才能共情他们的情感，帮助孩子度过情绪情感上的难关和挫折。如果父母没有为孩子提供这样的支持性回应，而是否定孩子的情绪情感，孩子不仅无法在短时间内平复心情，还有可能烙下痛苦的心理印记，无法顺利获得被接纳、被关注以及被安抚的积极体验，而是独自舔舐痛处。只有从父母那里获得支持性回应后，孩子才能抱着满满的期待，积极主动地、继续快乐地生活下去。

上面分享了一个小小的"善意的谎言"，但也要提醒你，有些谎言的性质跟上面的完全不一样，一定要注意区分。比如有时为了控制孩子的一些行为，你会说："你再不听话，我们就会把你扔掉！送给别人！""你再这样做，警察就会来抓你，再也见不到我们了！""你要是再在房间里撑伞,就会长不高!"这样的谎言着实不是我想要推荐给你的。因为这些谎言的底层逻辑不是安慰孩子和帮助孩子调控情绪,而是通过吓唬和引发恐惧来控制孩子的行为。总之,那些会让孩子害怕、胆战心惊的谎言,真的不要去说,很有可能会让孩子害怕一辈子。

家长:减少养育焦虑

焦虑的存在常会让人感到痛苦。在日常生活中,人们的焦虑大多体现在情绪上,如紧张不安、提心吊胆、害怕、恐惧、担忧等内心体验。这些负性的体验常会让人感到压抑,寝食难安。

如果你在养育孩子的过程中,总是会感觉到乏累和担忧,意味着你可能正在经受着养育焦虑的困扰,不及时调整就会让焦虑感不断增长。比如有位妈妈的困扰是这样的:

> 我从小就练琴,自己的钢琴也弹得很好。女儿出生后,我觉得自己这个"人力资源"绝对不能浪费了,从她三岁开始就亲自教她弹琴。一开始,我很有耐心,一年后,孩子抗拒练琴时我还会为了给她提升情绪价值,跟她一起穿上漂亮的纱裙,戴上好看的发饰皇冠,通过

制造仪式感来提升她练琴时的兴趣。然后事情就越来越糟，直到我发现自己教不下去了，再教下去就跟孩子成了"仇人"，天天较劲吵架。我请了其他老师教她，期间我就会到楼下溜达，为的是不让自己生气！我很苦恼，到底怎样做才能让孩子开心学琴呢？一想到这些，自己就难受和憋闷。

听了这位妈妈的困扰后，我建议她采用支持性回应的方式去处理问题，而对孩子进行支持性回应的前提，是接纳孩子当下的状态。我建议这位妈妈放下亲自辅导女儿学习钢琴的"执念"，将"为什么就不能开心练习"转为探究"孩子必须学琴吗？孩子到底喜不喜欢学琴"；将"不能浪费自身资源"转换为"我妈妈并不会弹琴，我却弹得很好，孩子跟父母未必存在这样的传承"。想通这些后，妈妈的支持性回应才能提供出来，自身的养育焦虑也会逐渐降低和消除。后来这位妈妈反馈：

我告诉孩子你可以选择练或者不练，练多少时间你也可以自己决定，但是不同的练习会有不同的结果，想要弹好肯定是要练习的。在我不逼迫孩子练琴后，我才发现孩子是喜欢琴的，她有时会主动去摸琴。有次看动画片，孩子看到里面有弹琴的画面，小手指会不由自主地动起来！我笑着问："能不能为我弹奏一曲？我想跟着你的琴声来跳舞！好想跳舞呀，可惜没有钢琴师！""好呀！来吧妈妈！"那一天孩子竟然持续弹奏了快两个小时，为了让我开心跳舞，把自己学过的都演奏了一遍。不知是跳舞带来的愉悦，还是孩子的不抗拒，那一天我们玩得非常开心，我再也没有感受到钢琴带来的焦虑。孩子不必一定要弹琴！没有了必须弹琴的这个执念，我浑身轻松了很多，发现了孩子的更多闪光点！她并不懒惰，也没有那么叛逆！我不需要绞尽脑汁、想尽办法督促她练琴，当我让她自己选的时候，我真的释然了！幸福和痛苦，有时貌似就在一念间。

管控和否定并不能让孩子长成父母希望的样子，但是支持和接纳却会大大降低养育焦虑，孩子更有可能长成他自己喜欢的样子，了解自己真正的喜好。

家庭：营造出松弛感

越是年幼的孩子，其健康成长与否越依赖于家庭环境的质量。毫不夸张地说，家庭内的氛围决定着孩子内心的"宇宙"。家庭的松弛感强，孩子的内心就会宽广宁静。松弛感被认为是一个家庭幸福的根源所在，对孩子的毕生成长有着难以估量的意义。提到家庭的松弛感，有人会说"有松弛感必须不差钱，有经济基础"，但事实真的如此吗？我们来看看支持性回应是如何赋予家庭这种松弛感的。

早上快到幼儿园的时候，孩子说忘记带水彩笔了，但是爸爸妈妈都要赶着去上班，回家再取已经来不及了。孩子一听马上就要急哭了，爸爸赶紧走过来摸着孩子的后脑勺，说："儿子别着急啊！这真的不是一件很大的事儿！""那我怎么画画呢？小朋友不借给我怎么办？我不敢跟老师说！"妈妈从包里拿出一张便笺纸，说："等下妈妈给你拟个《西游记》里观音菩萨的密旨！"因为孩子有些"嘴笨"和"胆小"，妈妈把情况如实写在纸条上，然后塞到孩子手里说："拿着去吧！老师和小朋友都会帮助你的！"就这样，孩子感受着爸爸的大手给予的安抚，握着妈妈的"法宝"带来的满满安全感，开开心心地走进幼儿园的大门。爸爸妈妈重新上车，各自奔赴工作岗位。

支持性回应不仅是对孩子的包容性互动，也是我们自己面对生活时的应对模式，这对孩子有示范作用。如果父母常常在家庭生活中从容淡定，遇事理性应对，接纳孩子的"无助"和"脆弱"，那么日复一日，孩子便会习得父母的这种临危不惧,逐渐变得淡定聪慧起来。这也是我们常说的个人气质和家族家风的延续,言传身教的真谛亦存于此。父母本身解决和应对问题的过程,也是积极回应孩子成长的过程。

三、如何回应:支持性回应的三个步骤

1 定位"脚手架":找准问题背后孩子的最近发展区

回应孩子时,你首先要对孩子的行为进行价值判断,即这件事情对孩子的发展是不是很重要?没有你的帮助能不能自然解决?是否给孩子带来了极大的困扰?如果不需要你回应,你可以采取暂时忽略、保持关注的策略,这本身也是一种支持性回应。

当你对以上问题的判断为"是"时,意味着你需要提供支持性回应,提供脚手架。但你还是不要轻举妄动,需要理性考虑和认识到,孩子认知和发展的特殊性,不同年龄阶段的孩子会以不同于我们成人的方式进行学习和认识世界。

有些一年级的孩子还会坚定地认为:幼儿园就是园长开的,学校就是校长一个人的!他们虽然置身于社会

生活中好几年了，但认知还很不足。幼儿园里有些孩子还会坚信，人必须要活到 100 岁才能死去，他们完全不知晓其实活到 100 岁比考试得 100 分还要难！

我们成人习以为常的事情，他们可能一直在冥思苦想：萝卜到底有没有生命？毕竟在孩子的认知里，一旦失去生命就不会再次复活，比如心爱的小鸟和狗狗死去之后，就是再也不能活过来了。但是萝卜呢？长在地里肯定是有生命的，因为它们会一天天长大，但是从地里拔出来放到小卖部里去卖的时候，还有生命吗？如果被买回家，做成萝卜汤，那一定是没有生命了，因为已经煮熟了。但是孩子们仍然会好奇，小卖部里的萝卜被小朋友带到幼儿园再种到花盆里，它又会发芽生长，这时生命又回来了！所以萝卜到底有没有生命？

孩子更倾向于追寻"0"或"1"的二分答案。这不仅仅是好奇心强不强的问题，而是孩子以不一样的方式在认知世界，具有独特的认识特征。

所以，看到和发现孩子成长中的问题后，不要急于进行本能性地回应，先要厘清孩子行为表现背后的原因，找准最近发展区之后再行动。来看一位妈妈养育的小例子：

第一章 支持性回应：孩子成长的"脚手架"

我四岁的儿子有段时间天天要新玩具。书里说可以引导孩子自己做计划，用做家务或者料理自己的事情攒积分兑换玩具。我试了好几次，这个办法对儿子完全无效。他对攒积分这件事非常抵触，但是幼儿园里攒珠子的模式他就非常上心，回家会主动分享今天又得了一颗小珠子或者大珠子，老师又表扬他睡觉好了，等等。这种模式在家里开展不起来是因为不是在集体里的缘故吗？

积分太抽象，孩子还不能理解，不是有效的"脚手架"，因此也就很难起到预期的强化作用。相对来说，幼儿园选用的珠子比较具象，是有效的"脚手架"，因此更适合作为孩子行为的强化物，而且珠子本身还能为孩子所用，继续作为玩具材料创造新游戏。幼儿园是个特定的教育场域，生活里被老师表扬，被同伴小朋友看到，确实对孩子会更加具有强化作用，但不是激励有效的根本原因所在。

在这个案例里，我们看到孩子的最近发展区是：接受通过积分的累积，换取新玩具的规则。进一步来说，是能够有效调控购买欲望。可以考虑一下怎么把奖励具象化、游戏化。比如，把举例说明跟孩子现在看的动画片人物结合，孩子就非常容易接受。

对于家长来说，最难的地方可能就在于找准"最近发展区"。这时最好的办法可能不是第一时间去翻阅书籍，而是**把自己的身心调整到跟孩子同一个水平上，刻意地换位思考**，从孩子的视角看世界。**陪伴最能帮助你找准最近发展区**。养育中只有热情和共情是不够的，你得凭借一定的意志品质，坚持做出具有支持性的行动，才能为孩子提供支持性回应。

这之后，你也可以通过学习一些关于儿童心理发展的图书，站在更高视角了解孩子发展的阶段性和连续性，知晓重要的发展节点以及相应的支持性经验。下表是我以情绪情感发展为例，给出的一个孩子心理发展的框架。

参照这个框架，你可以了解自己孩子情绪情感发展的实际情况。但要时刻提醒自己：孩子的状态才是你应该观察学习的关键内容，而各类理论知识只是辅助你了解孩子的状态。

心理发展框架：情绪情感

心理发展框架下的最近发展区					
情绪情感	识别	模仿	体验	表达	调控
安全感	形成依恋关系	忍受分离痛苦	重建依恋	适应分离	获得安全感

第一章　支持性回应：孩子成长的"脚手架"

（续）

情绪情感	识别	模仿	体验	表达	调控
适应社会	经常接触他人并喜欢他人	知道自己是社会的一员	能够遵守基本的行为规范	愿意与他人一起参加活动	在群体活动中表现积极并感到快乐
人际交往	具有自尊、自信、自主的表现	愿意与他人交往互动	有经常一起玩的同伴	拥有好朋友，也喜欢结交新朋友	能够与同伴友好相处

在梳理出孩子的心理发展框架后，你可以在这样一个框架内进行分析，判断和识别出孩子可能在哪个发展点上存有不足，再针对这个点位进行回应。这个点位周边区域就是"最近发展区"，在这个区域内搭建"脚手架"，才能实现"支持性回应"。

2 选择"脚手架"：提供适宜的成长"脚手架"

在具体的养育事件中，我们要能适时合理地选用多样化的"脚手架"，有些是跟别的孩子一样的通用"脚手架"，有些则是根据自家孩子需要特别设计的个性化"脚手架"。

由于孩子表现出某一行为背后可能存在着诸多复

杂的原因，所以特别提示家长们，在解决孩子任何行为问题的过程中，都要做好这样的预期准备："我们可能需要同时采用多种不同的'脚手架'！"多年的教育工作和咨询实践告诉我：根本不存在任何一种万能"脚手架"能够解决所有孩子的同一问题，即使这些问题表面上看起来那么相似。同时，我们还要积极地看到：对一个孩子没有效果的"脚手架"，对另外一个孩子可能有效；对这个孩子有效的方法，对另外一个孩子却可能无效。这种问题和"脚手架"之间的不确定性，以及一一对应性的缺乏，极有可能会给家长们带来很多压力与困扰，特别是对于养育多个孩子的家长们而言更是如此。基于我近20年的工作经验和养育实践得出的结论是：当父母双方积极协作，共同选用多种"脚手架"联合使用的时候，往往会获得奇效。

同时，在选择"脚手架"时，家长需要意识到，我们向孩子提供的脚手架是为了促进其在最近发展区内的成长，因此它关注的是孩子的"自我超越"，而不应去做很多与其他孩子的横向比较。

例如，在孩子遭遇困境、需要鼓励时，最好不选择同伴作为榜样，因为容易招致孩子之间的攀比和嫉妒，除非孩子自己把同伴拿来比较，兄弟姐妹之间最好也要避免这样的比较。可以选择孩子喜欢的动画人物形象，或者是自己亲身经历过的事情，作为成功经验，用来鼓励孩子，效果往往更好。强调自己对自己的超越，强调已有的成功经验和努力的过程，这些都能对孩子"振作精神"起到强化作用。

小坤不喜欢拍球，这段时间爸爸每天陪他去院子里练习拍球，从一两个，一直练到能拍超过20个了，进步非常大，但是跟他这个年龄段应有的"40个"标准还有一定的距离。这几天小坤一直想要突破30个，却总也达不到，他越来越不愿意去练习拍球了。

爸爸感受到了小坤的抗拒和畏难，觉得要鼓励一下孩子了！于是，到了练球时间，他故作神秘地拉起孩子的手："小坤，今天咱们拍球不数个数，看看谁的篮球最听话，怎么样？""啊？比谁的篮球听话？怎么玩呢？""下楼就知道了！"鼓励不一定是语言上的，爸爸之前观察孩子只要球一跑，就没信心追上去，只能做到原地拍，所以决定"曲线救国"，强化孩子移动拍球能力，打破孩子紧盯"个数"的局限心理。因为有了新玩法，又没有个数要求悬在心上，孩子再次来了兴趣，玩了半个小时左右，爸爸再次提议，再拍一次吧，这次球要跑掉，咱们就追过去，继续拍，继续数

> 支持性回应
> 搭建亲子互动的脚手架

数!就这样,突破30个了!爸爸为小坤鼓起掌来,孩子一边乐一边继续,脸都涨红了,直到没有了力气才抱起球停下来!休息间隙,爸爸乘胜追击:"怎么样小坤?佩服自己吧?只要你不害怕球跑掉,勇敢追上去,就能继续拍!球跑哪里你就追到哪里,刚才你立马追上,就成功了!多棒啊!明天咱们继续啊,以后还能带着球直线跑、曲线跑呢,以后这球就跟粘在你手上似的了!""嗯!太好了!我能让球听我的话了!"

鼓励,特别是言语类的回应,一定是让孩子从低迷的情绪里振作起来,一定不是让孩子感到更大的挫败,不是通过设定无休止的目标,让孩子畏难和感到压力,更不能因为孩子抗拒新的目标而批评指责孩子。鼓励,最重要的是让孩子建立勇于继续迎接挑战的心理士气。

3 撤除"脚手架":及时撤除"脚手架",减少依赖性

在回应孩子的过程中,尽管我们用心设计和选用了许多精巧有效的"脚手架",把孩子的"问题"扭转为"成长契机",但是你还有最关键的一步务必要去做,那就是拆除之前搭建起来的"脚手架"。这好比是盖房子,当房屋结构已经垒起来了,周边的脚手架就需要逐层拆

第一章 支持性回应：孩子成长的"脚手架"

除，不能继续存在。当你提供的"脚手架"明显妨碍了孩子的独立和持续成长时，更需要撤除，否则就会适得其反，不仅不能继续帮助孩子成长，还会阻碍孩子的后续成长。

好比你教孩子骑脚踏车上坡，他怎么蹬都上不去的时候，你从后背推一下，孩子就上去了，你的"推"就是及时的"脚手架"，帮助孩子完成了自己难以完成的事情，但是一旦孩子蹬上坡之后，你的"推"就要及时撤除，让孩子自己继续练习骑车，如果在平地上你还继续"帮助孩子推车"，那孩子就会丧失继续练习的机会，他会习惯于依赖你的背后帮助。

再比如，孩子最初入园，跟你分离会产生焦虑，表现为分离焦虑，这时你采取陪伴和安抚来回应孩子的感情，之后还要再次分离，在这样反反复复的互动中，孩子会逐渐建立起"安全依恋"，能够忍受分离，逐渐建立新的同伴关系，同时也会珍惜和享受跟你团聚的时光。但如果在这个回应过程中，你无休止、无节制地进行"陪伴""安抚"，没有及时有意识地撤除这种"脚手架"，孩子就会无法适应与你的分离，极有可能导致"不安全的依恋关系"，即孩子越哭闹，你越放不下手，你越陪伴，孩子就会越焦虑，担心你又要离开，更加离不开你，很长时间都不能克服分离焦虑，适应新生活。

为此，在孩子成长的过程中，不仅要学会如何搭建"脚手架"，还要把握时机，及时撤除"脚手架"，"搭建""撤除"都进行操作，才是完备的支持性回应。

什么时候需要撤除"脚手架"？可以参考以下标准：

- 孩子的发展小目标已经达成，如孩子能够忍受跟你的分离；
- 具备自主发展的能力，如孩子能够主动跟着老师做游戏；
- 支持效果不再显著，如孩子已经不再关注你的陪伴；
- 孩子反馈不再需要，如孩子主动跟你说"再见"，或是让你离开；
- 新的支持目标出现，如孩子需要适应自己吃饭。

如同上述拆除房屋脚手架的例子，即使要撤除"脚手架"，也不能是一下子全部撤除，通常是需要一个渐进的过程，给孩子一个逐渐适应的过程，防止出现"瞬间崩塌"现象，让孩子感觉一下子没有了依靠，失去了你的帮助。

帮助孩子上坡时，你可以鼓励"上去了！自己用力骑！我要松手啦！"；帮助孩子适应入园生活时，你可以从送到班级门口，逐步调整为楼门口和园门口，让孩子跟你分离的时间越来越早，跟你见面的时间越来越晚，这样能够循序渐进地让他适应独立生活，越来越不需要你的陪伴，自己知道要去做什么，接下来会发生什么。

四、回应什么：孩子成长中的"关键事件"

1 什么是"关键事件"

一旦孩子的表现有"问题"，遭遇到成长瓶颈时，很多家长总是忍不住追求高效，力求在最短的时间内解决问题，消除孩子不良的表现。然而我们并没有意识到，这些令人感到"心烦意乱、想要迅速逃离"的情境，常常正是孩子突破成长瓶颈中的**关键事件**，蕴藏着孩子进一步发展的契机。

关键事件指在儿童心理发展的某个阶段，对孩子心理产生深远影响的具体事件或经历。这些事件或经历通常与儿童在某个时期最容易习得的某种知识和技能，或形成的某种心理特征密切相关。例如，以下便是一些孩子在婴幼儿阶段心理发展中的关键事件：

- 孩子出生后不久，对第一个接触到的对象（通常是母亲或主要抚养者）产生强烈的依恋和情感联结。这种早期的依恋关系对孩子后续的情感发展和社会行为具有重要影响。（印刻现象）

- 孩子经历第一次分离焦虑、学会识别和理解他人的情绪等。这些事件有助于孩子发展情感调节能力、同理心和社交意识。（情感发展）
- 孩子开始理解客体永存（即使物体不在视线中，也知道它仍然存在）、掌握数的概念等，这些事件标志着孩子认知能力的飞跃，为他们后续的学习和思考能力打下基础。（认知发展）
- 孩子开始模仿成人说话、使用单词句、双词句等，这些事件标志着儿童语言能力的快速发展。在这个阶段，儿童对语言刺激特别敏感，如果能够得到足够的语言输入和互动，他们的语言能力将得到更好的发展。（语言发展）
- 孩子第一次与其他儿童互动、分享玩具或解决冲突等。这些事件有助于儿童学会合作、分享、轮流和解决社交问题的技巧，对他们的社交能力发展至关重要。（社交技能）

需要注意的是，关键事件并不总是积极的或正面的。有时，一些负面事件（如家庭冲突、失去亲人等）

也可能对儿童心理发展产生深远影响。然而，无论是正面还是负面事件，它们都是儿童心理发展中不可或缺的一部分，有助于塑造孩子的性格、价值观和行为模式。

在前文中我们已经说到，并不是孩子所有的行为都需要我们做出回应，我们要选择那些对孩子的成长有重要价值的事件予以支持性的回应，这里的关键事件无疑就是其中最重要的部分。

2 理解孩子心理发展的阶段性与连续性

身为家长，要理解孩子成长中的关键事件，你还需要了解，孩子的心理发展兼具阶段性和连续性的特点。

从孩子获得发展的角度来看，阶段性与连续性具有动态交互的辩证关系：连续性为阶段性提供量变基础，阶段性为连续性划定方向。除此之外，在孩子心理发展过程中，还会有很多特别的现象，比如非线性发展之一的"波浪式进步"，即孩子在不同领域发展速度不均（如语言能力可能超前于数学推理）；再如"回归现象"，即在压力情境下，个体可能暂时退回早期思维模式（如成年人在紧急情况下依赖直觉而非逻辑）；还有文化与环境的影响，即阶段性年龄界限常常具有弹性（如受教育水平高的群体可能更早进入形式运算阶段）。

上述内容虽然有些晦涩，但对于父母来说，却有着重要的教育启示，即要掌握平衡"登梯"与"爬坡"的技巧。对孩子来说，阶段性发展如同"登梯"，你在回应时要尊重孩子的年龄阶段，匹配孩子当前的认知结构；连续性发展如同"爬坡"，你在回应时更需要搭建成长"脚手架"，通过提供渐进式支持，达到强化经验的内化。

与孩子互动时，你还要特别关注孩子的个体差异，及时识别孩子的"发展断层"，提供有针对性的干预，包容孩子的非线性进步（如孩子有些方面落后于同伴，有些方面超前于同伴）。**无论如何，遇到问题，首先要看孩子，再参考其他方面。**

我们之前列举的关键事件多是质变节点，常常具有明显的年龄段特点，你很容易识别。但在实际养育中，特别是在孩子成长遭遇瓶颈时，还会有很多难以识别的、具有连续性特点的关键事件，这些事件和发展在不同的阶段内逐步积累，通过经验扩展与技能精细化实现渐进式提升，简单来说就是完成"量变达到质变"的过程。

关键事件，是从孩子心理发展的角度提出的，需要父母有意识地换位思考，才能够发现事件的关键性，进而识别出孩子的成长需求。在本书中,我基于20年儿童心理发展研究和一线教育经验,进行梳理、归纳和分析,从孩子心理发展资源视角提炼出18项关键事件,**涉及性格有短板、情绪问题大、表达能力差和不会交朋友四个板块**。这些关键事件对孩子发展影响重大,并且非常有代表性,大多数孩子都会遇到。

在本书的第二部分,我会为你具体分析这18个关键事件,以帮助你在遭遇这些问题时,更好地给予孩子支持性回应。

Chapter Two

第二章　支持性回应工具箱：
　　　　四类成长"脚手架"

一、言语类"脚手架"：基于孩子语言理解和表达能力的语言回应

言语类"脚手架"，指在回应过程中采用口头交流的方式进行的语言支持，具体包括追问、打比方和聊天三个脚手架。

1 追问

追问指为了引导孩子深入思考、拓展和发展思维，更加全面、透彻地理解世界和生活，从而对孩子进行有

针对性的、逐步的、引导性的提问。

孩子跟同伴吵架后很难受，不知如何和好，你可以逐步追问：你最怕什么？担心他不理你了吗？如果你是他，会希望你怎么做呢？你最喜欢跟他玩什么？没有他这个游戏还能玩吗？为什么只喜欢他？如果说对不起，他会原谅你吗？他有没有错？会不会也正在想怎么跟你道歉？如此追问，能协助孩子解决问题，而不是简单几句应付了事："没事儿！明天就能一起玩了！那就找别人玩吧！干吗非要找他呢！"

2 打比方

当孩子对某个东西很难理解时，可以基于孩子熟悉了解的内容通过比喻或者类比的方式进一步为孩子解释和说明，用更加直观和生动的方式进行描述。

孩子跟你分开感到很焦虑，难以继续等待时，可以借用一把尺子打比方，总共需要等这么长时间，现在已经到这个位置了，让孩子理解时间概念，从而安抚孩子继续等待。有的孩子知道自己生气了，不知道怎么排解心情，可以对孩子说"生气时就好像肚子里有了气球，气越多球越鼓，你就会涨得难受，可以用嘴放些气出来，使劲儿把气吹出来"，这样孩子更能生动地理解生气是怎么回事和如何调节情绪。孩子闹情绪吃不下饭，注意力难以转移时，可以打比方说"面条就像在你的嗓子眼儿里玩滑梯一样"。孩子有就医恐惧时，可以打比方"打针就是小蚊子轻轻落在胳膊上，一下就飞走了"。

3 聊天

最好采取面对面的形式，与孩子进行没有明确目的的口头互动、信息分享，而不进行好坏对错的评价，务必是一来一往的对话互动。内容可以是孩子的兴趣喜好和情感困惑，有助于增进你对孩子的了解，并提高孩子对你的信任。

孩子说，我好喜欢这张贴画呀！你可以这样回应："那么喜欢呀？上面是个小动物吗？""不是，是个小狮子！""原来是狮子呀！它有几岁了呢？"当发现孩子的回答存在错误时，记住一定不要去纠正，更不要去打断，不产生分歧，可以表达好奇，因为孩子以后会慢慢掌握相关内容，谨记此时是为了跟孩子把聊天进行下去——孩子说出观点类别，你就补充种类；孩子说的是具体内容，你就提炼观点，总之要围绕孩子的兴趣聊下去。

二、动作类"脚手架":由父母主动发起和展开的身体互动

动作类"脚手架",适用于当孩子身体表现出紧张、情绪失控等情况时,通过具体的肢体动作帮助孩子进行有效调控,具体包括拥抱、捏按、挎后背、带跳和抛甩等,此类"脚手架"在帮助孩子解决情绪问题时经常很有效。

1 拥抱

父母用力抱紧孩子,保护好孩子的头部,控制住孩子的胳膊和腿部动作,直到孩子的身体由僵硬变得柔软下来,这一"脚手架"就可以撤除了。

2 捏按

当孩子身体局部表现出不适当的行为时,父母双手用力捏按孩子相应的身体部位,如小腿、手臂等,使其放松,直到其行为停止,该部位恢复到常态,这一"脚手架"就可以撤除了。

3 挎后背

当孩子表情痛苦,情绪激动,呼吸异常,无法顺畅

进行表达时，父母蹲下身，一手扶着孩子的腰部，一手用全掌心，从孩子后脑勺底部开始捋起，经过后脖颈，直到整个背部，一条线捋下来，然后重复这一动作，直到孩子情绪平复下来，呼吸平缓均匀，后脖颈处感觉不到突突的跳动，此时这个"脚手架"就可以撤除了。

4 带跳

与孩子面对面，大手拉小手，带动孩子原地跳跃，尽可能照顾孩子的节奏和高度，可以五下为一组，稍微休息几秒，再开始下一组，通常跳四组。当孩子感到有些疲累，这个"脚手架"就可以撤除了。这一"脚手架"常用于帮助孩子摆脱情绪的困扰。比如孩子感到紧张时，父母就可以使用这一"脚手架"帮助孩子消除和缓解不舒服的感觉。

5 抛甩

借助于一些小物品，进行抛和甩的动作，帮助孩子理解情绪情感等抽象内容，让过程和后果可视化，从而帮助孩子建立主动调节情绪的意识。比如父母一味说乱发脾气不好，可能伤害到自己和别人时，孩子其实很难理解，此时借用这一"脚手架"，让孩子吹鼓一个大大的气球,再让孩子松手把气球抛开,看到气球到处乱窜,理解"气"带来的影响和危害。又比如,想要让孩子理解伤害会随着时间的推移和用心的修复而变淡,可以让孩子先涂鸦一片颜色,把蘸水的纸巾用力抛甩向这一颜色,每一次颜色都会消失一些,直到孩子认为足够了,这一"脚手架"就可以撤除了。

三、游戏类"脚手架":设置卷入体验的兴趣性情境和规则

游戏类"脚手架"的设计基于自身认知的学习理念。孩子认知理解能力有限,父母通过设置游戏类"脚手架",帮助孩子加强理解,在有趣的游戏中提升能力。游戏类"脚手架"具体包括找见游戏、假装游戏、运动游戏,此类"脚手架"尤其适合帮助孩子克服性格不足,改善人际关系。

1 找见游戏

从孩子在 8 个月大获得客体永存概念后就可以和他玩找见游戏,此时的孩子已经能够明白在眼前消失的东西还存在于这个世界上,只是现在看不到而已。父母把

东西或者自己用不透明的毯子或窗帘等盖住，然后再让孩子亲自掀开找到消失的物和人。通过重复进行这一游戏，孩子能够建立对世界和他人的信任，在解决分离焦虑和同伴分享等问题时很有帮助。在孩子问题解决后即可撤除这一"脚手架"。

2 假装游戏

在孩子 10 岁前，父母都可以通过假装游戏解决孩子成长中的烦恼。这类游戏可以让孩子按照自己的意愿，处在一个假想的情境里，扮演特定的角色，对真实的社会生活进行模仿、再现、创造和想象。这一"脚手架"不仅有助于帮助孩子理解复杂的社会和人际交往规则，还能够更好地理解和处理自己的情绪情感。如孩子假装警察的游戏，能够帮助孩子学会尊重他人、遵守规则等；孩子内向放不开，也可以假装家里的玩具是小同伴，自由地说出想说的话，做出想做的动作，达到放松的目的。

3 运动游戏

指以身体活动和运动为主的游戏，涉及走、跑、跳、爬、投等多种动作和技能，促使身体释放多巴胺等神经递质，从而缓解压力、焦虑等负面情绪。之所以强调是游戏，而不是体育锻炼，是因为要考虑到孩子不适合像成人那样持续进行同一种活动，而需要不断变换富有童趣的活动。如带着孩子一起玩"小蜗牛运球躲雨"的游戏，不仅能够让孩子放慢动作速度，还能集中注意力，促进专注力的发展。

四、工具类"脚手架"：用特定物品回应孩子

工具类"脚手架"指回应过程中，父母精心挑选和制作的可以支持孩子能力发展的物品，具体包括绘本、可视化图表、辅助物。

1 绘本

针对孩子的问题，父母提供相应的绘本，促使孩子通过阅读解决问题。如孩子遭遇同伴排斥的苦恼、找不到固定玩伴时，父母可以带着他阅读《快把秋天藏起来》这样的绘本，换位理解朋友的选择和行为。

2 可视化图表

回应孩子时，父母通过提供一些可视化的图表，可

以帮助孩子建立事物之间的联系。比如孩子逻辑差、表达混乱时,可以为他们提供一些有线索提示作用的图片。

3 辅助物

通常是一些实用的小物品或者小装置。借助它们,孩子可以实现原先达不到的能力水平或状态。比如孩子容易愤怒生气、暴躁冲动,可以给他提供水果形状的揉捏球放在口袋里,需要的时候拿出来用一用。还可以使用不同硬度的按摩球、按摩棒等给孩子进行身体按摩,调整身体防御过度的状态,有效解决感统失调和社交排斥等问题。孩子个性放不开,可以找来废旧箱子作为小舞台,邀请孩子站在上面练习,营造出仪式感,创造出练习情境。

支持性回应
搭建亲子互动的脚手架

第二部分
如何回应孩子成长中的"关键事件"

3

Chapter Three

第三章　性格有短板

一、有颗"玻璃心"：特别敏感的孩子

我家闺女可敏感了，我常常有走钢丝的感觉，稍不留神，就会触犯她。她的情绪感官特别发达，像小雷达一样敏锐无比。有一次，我正在接电话，转身看到她把杯子里的水弄洒在餐桌上，我还没开口，只是露出惊讶的表情，她的脸一下就变了颜色，"哇——"的一声大哭了起来。还有一次，我带她去逛街，服务员帮我试新裙子的时候，她在店里转悠着，看到柜台上有个挂着珠串的小包，便轻轻地拿给我说："妈妈，你买个这个包包配裙子吧。"这时服务员提醒她："宝贝儿，你不要

动,阿姨来!你去吃那里的橘子糖吧!"闺女听罢,竟然生气地跑出了服装店。

我儿子争强好胜,根本输不起。有一次他爸爸陪他参加幼儿园组织的马拉松活动。颁奖环节,孩子看到好朋友赢得的是金牌而自己得到的是银牌,便号啕大哭起来。老师劝他:"你今天能克服困难,和爸爸一起坚持跑下来,就已经非常勇敢了。""来,我们下次多加努力,争取拿金牌。"老师不劝还好,这一劝,他的哭声越来越大,最后干脆把奖牌扔在了地上,说:"我不要这个银牌,我就要金牌。"然后使劲拉住爸爸的衣服说:"你必须给我买金牌!"

1 典型画像:"说不得"和"输不起"

"玻璃心"的孩子,总的特点就是"说不得"和"输不起",有时也会被描述为有"蛋壳心理",极易"破碎"。这类孩子对于外界的评价和看法过于在意,经常处于焦灼担忧的情绪状态,总是怀疑别人对自己有不好的看法和负面的评价,夸大别人对自己的否定,认为别人总是敌意地针对自己;处处争强好胜,非常在意结果,根本无法接受失败和挫折,但凡遇到一点儿小挫折都不行。比如,跟小朋友一起喝酸奶,自己的吸管没有插进去，就会发飙；上楼没有在最前面，就会气急败坏；遇到一点困难就会选择退缩、放弃；喜欢向外求，对父母依赖性强，总是需要家人的安慰与支持，但又会表现出矛盾的心理……这样的孩子挫败时像只小蜗牛，稍微一碰就缩回壳里，发飙时又像只小刺猬，到处扎人，让人无法亲近。

2 错误回应：小心翼翼，骄纵宠溺

父母一旦遇到拥有一颗"玻璃心"的孩子，相处时态度很容易会小心翼翼，互动时常常不敢给孩子真实的反馈，生怕伤害到孩子脆弱的心灵，引发孩子的情绪失控。可是，父母是否想过：自己越是这样，孩子就会越"玻璃心"？虽然父母对孩子的"玻璃心"存有潜在的排斥与反感，但同时又会情不自禁地用"骄纵宠溺"维护孩子的"玻璃心"，不经意间就成了矛盾的人。

如果孩子的"玻璃心"是你从小给捧出来的，那么孩子"自我效能感"只会限定在家庭内。当孩子带着"天下唯我独尊"的意识走进社会，你又因为担心孩子遭遇挫败，尽可能包办代替，让孩子远离失败，只享受最后的成功，这就会严重阻碍孩子独立解决问题的能力的发展，使他在面对挫折时变得更加脆弱和依赖。

如果你跟孩子一样，甚至比孩子还看重结果，一旦结果不好，便会使用负面的言辞来给孩子施压，试图激发孩子的斗志，结果更会事与愿违，因为孩子需要在有希望和被鼓励的前提下再去努力，打击和否定只会让孩子止步不前。

你自身越优秀，越容易给孩子带来巨大的压力。特别是当你自己对这种压力不自知，还在不断地促使孩子超越自己，抱有"青出于蓝而胜于蓝"的执念时，孩子就会因为害怕达不到你的期望而变得焦虑和不安，先表现出"玻璃心"，再严重甚至可能会发现心理问题或者生病，因为这是他所能想到的唯一可以保护自己的方法。比如，有的青少年会通过刻意伪装，使医生能够把自己诊断为"抑郁症"，借此来摆脱父母的高期望，从此对自己不再有要求。

3 支持性回应：补全过程认知，增强"钝感力"

"玻璃心"的秉性有时是天生的。即使你和配偶都是坚强乐观的人，也有可能生出一个"玻璃心"的孩子。养育和自己不同特质的孩子，你需要格外的包容、智慧和耐力，而不是反复讨论"孩子像谁？孩子随谁？"这样没有意义的话题。

你是否关注到：当孩子变得"玻璃心"之后，就会陷入恶性循环的怪圈。他们一方面具有极强的好胜心，渴望成功；一方面又不想锲而不舍地努力付出，只是奢望一蹴而就的成功。有时，孩子只看到开始和结果这两个端点，完全不关注事情发展的经过。当孩子处于这样非理性的状态时，你还要跟孩子强调"不是第一也没有关系、做不好也没有关系"，怎么能有用呢？你可能没有察觉到，此时的你其实跟孩子一样，都陷入了"只关注结果"的直觉思维。

转换到理性思维，你需要强化这个道理：影响事态发展的契机常常蕴含在中间的过程环节。如果你能帮助孩子多对过程产生关注，那么即使结果不尽人意，在接受时也会因为有了一定的心理准备，增强了"钝感力"，到最后也不至于那么"玻璃心"。

所以，"成也过程，败也过程"，这才是你回应孩子的关键所在。你只有在这里搭建"脚手架"，帮助孩子填补被忽视掉的中间过程，他才会塌下心来做好每一步，改善每一步，达到最后的坚韧。待孩子建立了新的认知："所有的成败都不是绝对的终点，只是过程中的一个小发展点。"再面对不满意的结果时，他就具备了独立分析过程的能力，也就有了重新来过的勇气。

孩子"玻璃心"的现场,你该如何回应

越是"玻璃心"的孩子,越能捕捉你的真实心理和情感反应。此时,你一定要实实在在地调整好自己,不做"虚伪"地接纳,更不要被孩子的激动表现带偏节奏。理解孩子内心的"不爽",进行充分的共情,让孩子感受到你的关心、爱护和理解。揪住压垮他情感的"最后一根稻草"进行回应。孩子情绪失控时,大脑几乎没有能力组织语言,此时你通过**追问**的方式,能够帮助孩子梳理出自己的真实需求,将偏执的想法拉回到理性状态。

如果你是本节开篇案例中的爸爸,可以这样追问孩子:"明白了!咱们也要金牌!""你睁开眼睛,看清楚银牌和金牌有什么不一样?""它们的大小都是一样的吗?""颜色有什么不同吗?花纹图案呢?""你能帮我跟小朋友借用一下金牌吗?爸爸得用手机先拍下金牌的样子,不然可能会买错,要买一模一样的呢!"切记:一定不要先去责备或者试图引导孩子立即调整言行,而是先通过这些对具体细节的追问进行共情,促使孩子主动转移关注点,主动调整好情绪,让孩子产生"我马上也能拿到金牌了"的感受,然后再补救好破碎的"玻璃心"。

支持性回应
搭建亲子互动的脚手架

现场回应可以帮助孩子"及时止损",迅速让孩子情绪不再发酵失控,其他的内容,还需要从长计议,需要后续的不断支持。

帮助孩子克服"玻璃心",你后续该如何回应

越是年龄小的孩子抗挫能力就越差,越容易表现出"玻璃心",这不仅跟他们匮乏的生活经验有关,也跟他们的思维发展特点有关。小孩子更多是直觉思维,凭着感觉走,缺少理性分析,也缺少对过程的想象和推理,容易被最后的结果所吸引。可以说,认知发展的不足限制了孩子对事物产生更多角度的关注和理解,脆弱的内心起源于单线思维的方式。

借用开篇的案例来说明一下:待孩子情绪稳定后,你可以一边翻看金牌的照片,一边跟孩子**聊天**。打开购物软件,让孩子选择心仪的金牌,放入购物车。孩子心安后,你就要尝试着把话题转移到分析失败的过程性原因上来,引导孩子在认知上"补全过程"。但一定不要心急,能聊多少就聊多少,以孩子是否愿意聊下去为标准。孩子的认知转变需要很长的过程,一次聊天根本不可能实现。你不要自顾自地大段话进行输入,聊太多孩子很难消化,也会引发孩子的抗拒,可以留着以后慢慢聊。

第三章 性格有短板

你需要提醒自己的原则是"不进行好坏对错的评价,务必是一来一往的对话互动"。"怎么那么喜欢金牌?有什么区别呢?买的时候,价格都是一样的呀!"如果孩子回答:"当然不一样,赢得金牌证明你是最棒的!"你可以回应"哦,这样啊!那我们买来的金牌也能证明咱们最棒吗?""你想把金牌放在哪里呢?""每天都会摸一摸、看一看吗?"通过这样的聊天,可以帮助孩子重新梳理自己的感受和认知。"大家都喜欢金牌,老师为什么不全都颁发金牌呢?""为什么人们要有银牌和铜牌呢?""要是咱们多买几个金牌,全都放在家里,会不会比现在更开心呢?""在家了多摆几个金牌开心?还是跟爸爸一起跑步更开心?"聊天时不要想着如何说服孩子,只是表达你的各种困惑和好奇,引发孩子的深入思考。

然而,言语类回应,多是依靠虚拟的想象和严密的推理,这对小孩子来说是很难的事情。小孩子见到实物,言语回应的影响力才会加倍放大。强烈建议你采取延迟购买金牌的策略,转而跟孩子商量:"先把金牌照片打印出来放在床头行吗?用笔自己画一个金牌行吗?剪出一个金牌行吗?或者用橡皮泥捏出一个金牌行吗?"在越来越接近具象金牌的过程中,帮助孩子逐渐

支持性回应
搭建亲子互动的脚手架

代谢"脆弱好强"的心理,给孩子一个充分的时间来理解金牌真正的意义,把关注点放在怎么凭借努力获得金牌上,而不是用钱去买一块金牌。

除此以外,你后续还可以尝试"假装游戏"和"共读绘本"等"脚手架"进行支持性回应。这些"脚手架"可以用来培养孩子的换位思考能力和幽默感,让孩子在亲自体验的角色和绘本故事中完成对他人善意心理的解读,克服偏激和敌意的想法,建立对他人友好的信任感。遇到自己表现不佳时,能够享受过程,保有一定的娱乐心态,减少"恼羞成怒"的情况,做到不嘲笑别人;当别人大笑时,也能正确解读别人的情绪表达,不进行过度解读。

在回应的过程中,追问不仅能实现共情,还能逐步打破"成功"的光环;聊天可以协助孩子打开视角,从关注事物的两端拓展到关注事物的中间过程,体验到"过程本身就是奖励"。

撤除"玻璃心"孩子的"脚手架"

现场回应时,当孩子没有过度的情绪反应后,便可及时撤除"脚手架"。如果父母还在不停地找补这件事情,反而会让孩子感到自卑和内疚,会让事情越描越黑,也会让孩子进一步蒙羞。

第三章 性格有短板

"玻璃心"的孩子最难攻克的便是对自己的不宽容,对胜败的极度苛求,以及对他人言行的过度解读。在后续回应时,父母一定要多关注孩子身边的朋友,一旦有同龄小伙伴能够帮助孩子克服"玻璃心",你的"脚手架"就可以撤除,让孩子从同伴那里获得成长的支持。

"玻璃心"孩子的其他问题

即使很坚强的孩子,偶尔也会有"玻璃心"。我记得女儿读高三时,她最擅长的英语听力考试得了49.5分,而她的好朋友得了满分50分。尽管我的孩子内心很强大,但这次遇到自己期望最高的事情时,还是表现出了"脆弱"。"为什么我的好朋友就能考满分,我却没有?我真的好伤心!"当时我这样回应了她:"如果你好朋友考的是49.5分,而你是50分,她会伤心吗?她会祝福你吗?为你而高兴吗?""她肯定为我高兴!其实我也为她高兴!但我就是有些失落和一点点伤心!""你确定要让丢掉的0.5分影响你这么大吗?其他考试,随随便便不就能提高5分,那是10倍的提高,你能想明白这个道理吧?""我明白,但我还要伤心几天!过段时间应该就没有这么难受了!"

稳定的性格也好,偶尔的情绪也罢,多大年龄的孩子和成人都会遇到"玻璃心",克服和消解都需要一个过程，只要这个过程在我们的可控范围内就好。

二、易暴躁冲动：遇火就爆的"小炸弹"

每次带儿子出去，我的一颗心总是悬着的。感觉他就像一颗不定时炸弹，不知道什么时候就会爆炸。有次带他去商场里看表演，当时一群小朋友站在前排，兴致勃勃地看着前面的演出，我们一群家长都站在最后一排。突然一阵混乱，没等我反应过来，只见儿子上去就踢了前面孩子几脚。我赶紧冲到孩子群里，一把扯住他的胳膊，这时他一边踢还一边大声嚷着："我看不见啦！走开！"被踢的小朋友家长也过来了："你这孩子怎么这样？不会说一句吗？怎么还上脚呢？真得好好管管！"我当时真是气坏了，恨不得立马给儿子一巴掌，其他小朋友都好好的，怎么出乱子的总是你？教过这么多遍，怎么就不能好好说话？就是管不住爱动手的坏毛病！在幼儿园里也是这样，老师经常找我们，他又把谁给打了，又发脾气生气了，都是这些事情。我每次回家都跟他好好谈，他都听得懂，说完几天能好一些，但很快还会那样。

儿子不仅对别人爱动手，对自己也会使用武力。他特别喜欢的小汽车，跑到电视柜下面了，他怎么也够不

第三章 性格有短板

着,我看见时他正在狂打自己的胳膊,说胳膊太短了,不能把小车够出来。这才多大点儿事儿啊,他就能暴躁得跟只困兽似的!我们平时也没有给他多严厉的管教,不知道他怎么会这样。

1 典型画像:情绪起伏大,行动欠思考

这类孩子常常因为一点儿小事情就突然发脾气,情绪特别不稳定,而且起伏很大;经常不假思索地就会迅速行动,从来不考虑后果;很多时候还会伴有攻击性行为,情绪高涨,表现出强烈的敌意。具有这种性格特点的孩子,可能刚刚还玩得很好很开心,突然间就大哭大叫或者对小伙伴拳打脚踢起来,乱摔东西,一副不管不顾、不依不饶的样子;有的孩子还会把发泄的目标对准自己,粗暴地伤害自己,用脑袋撞墙、撞地板,用拳头捶打自己的身体,如同案例中的孩子突然踢别人、狂打自己。

2 错误回应:斥责控制

孩子在暴躁冲动时常常会有攻击性行为,容易让你感到担忧和恐惧,你会自然而然想要遏制和控制,本能地会严厉训斥孩子、批评孩子,你可能还会以暴制暴,对孩子给予严厉的惩罚,把自己塑造成一个"硬壳枷

支持性回应
搭建亲子互动的脚手架

锁",试图束缚住孩子。殊不知,你的这些回应方式会引发更严重的后果,如同饮鸩止渴。

如果你用斥责控制的方式来管教,不仅会加剧孩子的暴躁情绪,还可能让孩子学会用暴力来解决问题。孩子年龄越大,力气越大,你就更难以管教。

你跟孩子说"再闹就不要你了""不管你了""你这样谁还跟你玩儿?大家都不喜欢你",会让孩子极度缺乏安全感。

你想通过满足孩子的其他愿望来转移注意力,可能暂时解决了眼前棘手的情况,但你的态度是忽视和逃避,反而会让孩子错失觉察自我情绪和学会情绪表达的机会,还可能在无意中助长孩子用哭闹来达到目的的行为习惯。

你给孩子讲过道理吗?比如从换位思考和共情的角度引导孩子考虑他人的感受和事情的后果:"人家那么瘦弱,得多疼啊!你怎么下得去手?"这个方向无疑是对的,但对孩子的认知水平和情绪调控能力要求较高,小孩子很难做到。

3 支持性回应:先放松身体,再强化自控力

看到孩子暴躁冲动时,你首先看到的就是孩子的攻

击行为和强烈的情绪反应，但这些却正是孩子自己难以看到的部分，正所谓"不识庐山真面目，只缘身在此山中"。身陷其中的孩子，脑子里通常只有一个执念：用行动满足自己的需求！他们只会从自己的角度考虑问题，根本做不到换位思考，更无法顾及他人。一旦你忽视和越过了孩子的这个状态，只想把自己的理性认知快速装进孩子的大脑意识中，结果必定是徒劳，孩子的大脑根本没有能力接受你这样的回应。

你想帮助孩子学会控制住攻击行为和调控好情绪，这的确是孩子未来要发展的重要内容，但却不是孩子此时就能够发展的内容，即并不是他们的最近发展区。你需要首先关注孩子的身体情况，仔细观察：孩子的身体与平常有什么不一样？是否处于紧绷状态？如果是，那么最紧绷的部位往往就是他们最需要直接支持的部位。习惯攥紧拳头的孩子会动手，小腿容易紧绷的孩子会用脚踢，脖颈处紧绷的孩子爱大喊大叫。

了解了这些以后，再遇到孩子暴躁冲动时，你只需要在这些地方提供动作类"脚手架"来回应孩子。一句话，**放松身体**是最近发展区，**强化自控力**是未来发展区。

孩子暴躁冲动的现场,你该如何回应

此时,一定要暂且忘记你的愤怒和后怕,要像一位娴熟的拆弹专家一样,心无旁骛地应对"引爆风险"。孩子踢脚、大声喊叫时,摸摸他小腿和脖颈处是不是最紧绷的,如果是,你可以尝试联合使用**拥抱**、**捋后背**和**捏按**"脚手架":立马把孩子用力拥抱进怀里,远离群体,尽量让孩子的脸朝向里面,不再看向外面;同时给孩子捋后背,一手控制住孩子,另外一只手用力从上向下捋孩子后背。最后,还要在脖颈处和小腿处给孩子进行捏按。

抱、捋、捏的同时,可以简单重复地对孩子说"停!停止!""脚可以踢球,不能踢人!"你要用最简单的语言为孩子输入关键命令,如行为规则和动作红线。同时还要提醒自己:孩子耳朵处于关闭状态,什么都听不进去,讲任何道理都没用。

为什么讲道理会没用?因为冲动是魔鬼,"魔鬼"在的时候,孩子听不进去,"魔鬼"不在的时候,孩子虽然听进去了,但也只是在认知水平上学习了,在行为上还是难以做到。知行合一,对于成人都是很难的事情,更何况小孩子呢?

为什么一系列动作性的回应管用?因为孩子的情绪行为跟身体反应关联性更强,越是年龄小的孩

子，情绪行为越依赖于身体的直接感受和本能进行反应。容易暴躁冲动的孩子，情绪的激烈程度往往比一般孩子要高，波动更大。情绪一来，他们的身体立马就有强烈反应。所以你的回应一定要习惯于从调整他们的身体状态入手，而不是从认知层面重复性地说教。

帮助孩子克服暴躁冲动，你后续该如何回应

首先，你可以选用工具类"脚手架"中的**辅助物**，选择一些柔软的小玩具放在孩子的口袋里，平常让孩子捏一捏，随时随地学会放松自己。这些小物品，能让孩子有办法主动调节紧张状态，不需要依赖其他人。

其次，你还可以采用游戏类"脚手架"中的**运动游戏**，帮助孩子在游戏体验中感知自控力，进而提高自控力。这些游戏通过训练孩子们对肌肉和动作的控制，逐步达到对注意力、意识和情绪情感的控制。可以玩一些抑制优势反应、主动自我控制的游戏。"木头人"要求孩子在一定的时间内保持不动，"指五官"要求孩子用手指听到的语言命令以外的地方，如听到的是"鼻子"，那么偏偏就是不能指鼻子。这类游戏的规则，都是让孩子主动对强烈的、本能的反应进行压抑和控制。

> 支持性回应
> 搭建亲子互动的脚手架

最后，教给孩子要懂得在乎后果。有些孩子受到动画片的影响，错误地以为什么都可以重来和再生，进而忽视生命的不可再生性。你可以采用言语类的**追问**"脚手架"，比如在踢人事件后，可以追问孩子："自己的脚踢伤了怎么办？""你的腿受伤了怎么上幼儿园？怎么上厕所？怎么走路？怎么踢球？怎么再跑？""小朋友也来踢你怎么办？""要是把别人的腿踢断了怎么办？"可以从孩子最在乎的内容开始，再引导他考虑别人的处境，这样能够帮助孩子设置完备的行动底线和红线，保持头脑清醒，内化成自己的行为准则。

你也可以自己研发一些小办法。我认识一位妈妈，她的儿子从小就暴躁冲动，但是非常喜欢小动物，对待小动物很有耐心，也会轻手轻脚的，于是家里养了各种小动物——金鱼、宠物狗、蜥蜴、小乌龟、小鸟等。这些养护经验，很大程度上帮助孩子克服了暴躁冲动的性格特点。

撤除易暴躁冲动的孩子的"脚手架"

现场回应时，当孩子身体变得柔软，不再伸脚乱踢的时候，就可以不再拥抱着孩子，让孩子看着自己的眼睛，跟孩子进行沟通。捋后背也可以撤除，变为拉着孩子的手即可。

第三章 性格有短板

以后再遇到这种情况，当孩子具备一定的暂停能力，就可以不再拥抱和捋后背，而是直接帮他捏按紧张的肌肉，可以同时提醒孩子："哪里觉得紧？哪里是硬硬的？自己捏一捏、拍一拍！"

随着孩子年龄的长大，你要尽可能撤除直接干预的"脚手架"，调整为孩子自己可以使用的"脚手架"。总体来看，动作类"脚手架"对于易暴躁冲动的孩子来说，是可以长期使用、不断优化的。

易暴躁冲动的孩子的其他问题

注意力缺陷：部分暴躁冲动的孩子可能伴有注意力缺陷，难以集中注意力，十分影响后续的学习，孩子极有可能会面临学业困难，必要时要就医寻求帮助。

自卑与焦虑：经常性地发生暴躁冲动，很容易导致孩子自我价值感受损，来自他人和自我的否定会使孩子产生自卑感，同时还可能因为担心自己的行为不被接受或导致负面后果，导致焦虑情绪不断蓄积。

三、总固执任性：说一不二的"小霸王"

我家孩子特别难以沟通，全家人都得听她的，她是"说一不二"的，只要她提出了要求，我们就必须要满足，容不得拒绝，也接受不了沟通，一点儿都不听劝。

支持性回应
搭建亲子互动的脚手架

跟她在一起，拿她一点儿办法都没有。

有的时候，她想在饭前吃糖，我们觉得晚饭前吃糖不好，就拒绝了。但孩子就一直在我们面前哭闹，甚至在地上打滚。没办法，因为心疼孩子，最后带着她去买了糖。到了超市，她又看上了一个玩具，我们觉得家里的玩具已经够多了，再次拒绝。但她又哭又闹，我不想在众人面前成为"坏妈妈"，只好妥协买了玩具。

她有段时间天天要新玩具。我看书里说可以引导孩子自己做计划，用做家务或者料理自己的事情攒积分兑换玩具。我试了好几次，这个办法对她完全无效。她对攒积分这件事非常抵触。但是幼儿园里攒珠子的模式她就非常上心，回家会主动分享今天又得了一颗小珠子或者大珠子，老师又表扬她睡觉好了，等等。

她有时也很不懂事，一点儿也不会心疼大人。有时晚上想让我陪她看书，但我正在洗碗，就告诉她等洗完碗再陪她。她一下子就不高兴、不乐意了，一直拉着我的衣角哭闹，坚持要我立刻陪她。我终于不耐烦，对她发了脾气，她哭得更厉害了。

1 典型画像：逆反抗拒，不听意见

在面对不满足自己要求的情况时，孩子习惯通过哭

闹、耍赖、发脾气等方式坚持自己的意愿，表现出固执任性的性格特点。特别善于进行主动抗拒，常以"我不干""不行""我非要"等词语来表达自己的立场，不达目的决不罢休。也有的孩子会采取消极抵抗的形式，你说你的他做他的，表现得很逆反，就要和你的要求背道而驰，你说晚上吃糖不好，她想吃就非要吃。这种固执任性的行为一旦演变为习惯，可能会否定一切，对所有他人提出的意见都听不进去，更不会接受。这类孩子像是一位超有毅力的"战士"，把让人听命于自己、被自己"拿捏"视为最终的胜利，有时甚至会不惜自己哭闹到背过气去。

2 错误回应：无效劝解和讲道理

固执任性的孩子，常常表现为"不听劝"，如果你的回应方式还常常采用"劝解"，很显然这就是一道死题，因为你正在试图从孩子最坚固的部位着手解决问题，势必难上加难。

在屡次回应孩子的过程中，你积累的不是有效办法，而是越来越多的"无力感和失控感"。如同案例中所提及的，面对固执任性的孩子，家长试图"挣扎式地管教"一下，但都以失败告终，这些文绉绉的讲道理、谈条件以及定规则，在孩子的固执任性面前根本不值一提，用"先礼后兵"的方式来回应一个犟孩子，结果都是孩子胜出，而且孩子感受不到你的疼爱和尊重，他会认为这都是凭借自己的力量争取来的。

如果你总是对孩子轻易拒绝和最终妥协，那么就会激发孩子的"战斗力"，根据以往的经验，孩子掌握了规律，闹得再厉害一些，再持久一些，就能达成所愿。你的前后不一致，成了孩子固执任性的源源动力。

比最终妥协更严重的是，你对孩子的"轻易拒绝"。如果你不能站在孩子的立场上考虑他的需求，只是站在养育的角度与孩子互动回应，会让孩子变得越来越固执、叛逆和盲目自大。

3 支持性回应：以柔克刚，消除对抗性

在与孩子相处的过程中，你有没有真正理解孩子的喜好和兴趣？你对孩子开心地说"可以"的次数多，还是说"不行"的次数多？当孩子在一个"拒绝"比"接受"频次高的环境里长大，一部分孩子会变得"小绵羊"式的逆来顺受，乖巧听话；一部分孩子则会变得像"大犟驴"一样忤逆、固执任性。你对孩子使用不坚定的原则要求，同时又缺乏真正的理解和疼爱，随着孩子

第三章 性格有短板

年龄的增长，你们之间的冲突就会越来越多。

任何时候，面对孩子的"固执任性"，你的心态应该是积极、从容和友好的，而不是抵触、排斥、焦虑和厌恶的。从积极的角度来看，这样的孩子很有自己的想法，知道自己想要什么，拥有强烈、明确的自我意识，时常碰壁的原因在于没有能力调整自己个人需要和外在环境之间的不一致性。如果孩子想听故事，这是一个很好的兴趣，但这个时间点恰恰不方便，你们之间的需求在当下的时空里就产生了冲突。

所以，硬碰硬不是有效的回应，孩子"硬"的时候你恰恰需要做到"软"，以柔克刚，在帮助孩子消除对抗的前提下，再坚持你的养育原则，才能减少"固执任性"带来的养育弊端。

孩子固执任性的现场，你该如何回应

了解孩子不达目的不罢休的特点，孩子提出任何想法时，你要习惯于脱口而出："好啊！""当然可以啊！""没问题！"你要认清楚一点：此时孩子正在学着长大，学着勇于表达自己的需求，纵使从你的角度来看，孩子的需求存在诸多的不合理性，你也要先进行肯定性回应，因为只有这样做才能让孩子放下随时可能启动的"战斗准备"，破解他们的防御机制，把他们的

"刚"先行克制住。

大晚上孩子还要去买糖，你不用威逼利诱，可以尝试与他**聊天**给出回应："这么喜欢吃糖啊？""按照咱们的约定，晚上是不能吃糖的，但是可以去买糖！""买了你就会忍不住吃，那可怎么办呢？"这样的回应不仅能够强调晚上不吃糖的规则，还对孩子"买糖"的诉求表示了认可，也帮助孩子把吃和买拆分成两个不同的诉求。买后如果能够做到不吃，就完全可以满足，不用拒绝孩子。

在答应孩子之后，抛出一个小问题：如何做到不吃？如果孩子想不出好办法，你可以提供**辅助物**，"家里有很小的零食袋子，咱们一会儿去买的时候分装在不同的袋子里，每天白天吃一小袋，放几块你来定！"你一定要相信，孩子很多时候是很讲诚信的，这些喜欢的东西用透明的袋子装着，能看到，孩子就会安心。如果孩子自控力弱，可以商量着放在高高的橱柜里，为后续的"忍不住"制造一定的障碍。

帮助孩子克服固执任性，你后续该如何回应

首先，你要克服自己的担心，不要因为孩子常常提出你想不到的要求就一心想着要如何严管孩子，久而久之，你和孩子之间就形成了固有的对抗的沟通模式。有

些不良的相处模式,直到孩子成年后,都没能打破。你需要主动建立一种相处的宽松基调和氛围。

其次,身体力行,带着孩子练习"善解人意"和"听劝",让孩子在你带有解释性的拒绝下,学会体谅他人,暂时控制自己的想法,愿意和你进行商量和沟通,而不是粗暴地拒绝而开始情绪内耗。比如,你洗碗时孩子想听绘本故事,可以回应她:"太好了!又能跟你一起读故事啦!""今天想听哪个故事啊?拿给我看看!""你不认识字,先给我讲讲上面的画吧!一会儿我把碗洗好再讲给你听!"在整个回应过程中,都让孩子感受到你在尽可能满足她,没有丝毫的拒绝,而你仍然可以继续洗碗。你的这种回应恰恰能为孩子做出一个良好的示范,很多时候别人不能按照自己的想法去做,是因为别人确实有自己要做的事,这可能是孩子之前根本没有考虑到的。

还有,与孩子的互动要尽可能的细腻和生动,而不是被动地完成任务。大晚上带孩子去买糖,孩子会很感激和开心,可以聊聊具体选什么糖,怎么分装。在孩子高兴时提出你的担心:"晚上出去买糖感觉好神奇啊!你不会再要新玩具吧?如果是这样,我可不敢进超市的门,我到了门口就往外跑!你别想把我抓回去给你买！"在强势的孩子面前多多幽默一下，小小地示弱，更容易激发孩子的担当，让他勇于克服自己的不足，还能耳濡目染变得幽默起来。"要是你真的又想买玩具了，你怎么说服那个想买玩具的自己呢？"通过这样的小问答，可以训练孩子变通的思维方式，而不是坚持"死心眼儿"。

你要经常鼓励孩子大大方方地接受自己产生的真实想法，进行理性的分辨，哪些是可以满足的，哪些是不可以满足的。对孩子来说，有意识地努力与外部环境抗争，也是他发展自身自主、主动的人格特质的内在驱动力。你要懂得顺势而为的道理，多尝试尊重他自身的意愿，不以牺牲孩子积极人格特质发展为代价，一味盲目地期待孩子表现出各种"听话"和"配合"。管教中出现冲突和困扰也很正常，只是互动中的"小瑕疵"，你如果做到适度期待，开放性地期待，坚持"先肯定性回应后提要求"的原则，就会发现孩子可以不那么"固执任性"。

撤除固执任性的孩子的"脚手架"

只要孩子没有一如既往地出现哭闹，你就可以撤除之前肯定性"聊天"的"脚手架"，转为浅浅地提出要求，孩子同意后，就和他一起去执行。

在后续的支持里，如果孩子能够考虑到具体情况，主动让步，即能接受部分需求得到满足，或者延迟满足时，你的"脚手架"就要准备撤除了，当孩子开始主动调整自己时，你再加把火，反而会引发孩子的不适。此时，孩子需要一个独立的空间，化解自己的内在冲突。当孩子习得协商变通的思维模式，才能在行为上得以改善固执，使情绪得以掌控。

固执任性孩子的其他问题

固执任性的孩子往往自我评价过高，不接受批评，看待问题片面，易产生消极情绪，且人际关系容易受到影响。你需要关注孩子身边的朋友，有选择性地帮助孩子结交情绪稳定的好朋友。

四、浮躁不专注："飘在空中"的孩子

我很少看到孩子干什么特别专注，他就跟屁股上长了钉子一样，坐一会儿就难受，真想有根"神针"给他定住。由于担心他越动越浮躁，我们把跆拳道的兴趣班也给停了，结果他不仅没有好转，反而更糟糕了。比如我们制定好了一天的活动计划，考虑到他没什么常性，我们还刻意把活动安排得丰富一些，可即使这样，他做

什么事情也还都是"飘着"的感觉,只要有一点儿声音就能被吸引。就是玩自己最喜欢的新玩具,他也是很难长时间玩儿,一会儿干这一会儿干那,但凡有人说句话,他都要插话问问咋回事儿。

即便没有什么声音,没有人打扰,他也会自己动来动去的,比如抠鼻子、掏耳朵、捏脚趾,但凡手指能够伸进去的地方,他都忍不住要弄一弄。抠鼻子的时候,我以为是因为他有轻微鼻炎,感觉不舒服,后来发现不是的,他全身上下到处抠,实在没地方抠,还要抠抠家里的地砖缝儿。我们都不敢想,玩都这么不专心,这以后要是上学了,在课堂上不得总被老师点名?

只有一件事情他是很专心的,就是在看电视或者是玩电子产品时,那个专心程度简直判若两人,什么动静也吸引不了他了,两只眼睛聚精会神地看着屏幕,叫他吃饭都听不见,专注两个小时都没有问题。我知道小孩子长时间玩电子产品不好,可他只有干这个才能不在家里折腾,才有专注的样子。有时还能在小程序里学些东西,难道孩子以后的专注只能依靠电子产品了吗?

1 典型画像:好动坐不住,缺乏耐心

这样的孩子总是在需要安静的时候,特别突兀地动

起来。本来这也符合小孩子的年龄特点,但是跟同龄小朋友比起来,爱动、无法专注的孩子还是会显得格格不入。兴趣多但却多变,喜欢频繁转换关注点,难以集中精力持久地专注一件事情,做事缺乏耐心,情绪容易不稳定,因很小的事情就会激动,控制力差,喜欢眼睛到处看、爱说话,手脚总是要忙着才能得到满足,只有依赖于外部的刺激和反馈,如电子产品等,才能做到持续专注。这类孩子容易在学业上遭遇困境,不喜钻研,不爱深究,也会因为好动的天性,容易和小伙伴发生肢体冲突,需要特别关注人身安全。

2 错误回应:压抑控制,刻意安静

对于坐不住、稳不住的孩子,如果你总是要求他控制住自己,想要通过刻意练习来增加不动和专注的时间,那会适得其反。因为爱动的孩子,只有爱动的冲动得到满足后,才能表现为不动,对他限制越多,他就越想动,压抑越多,他想动的欲望就越强烈。

如同大禹治水,对这类孩子的回应在"疏"不在"堵",如案例中采取停掉孩子跆拳道兴趣班的方式,就不是一个明智的选择。你剥夺了孩子正当的活动路径,他一定会变得更加浮躁,而且这种躁动会随着你的限制逐步累积，以坏脾气和到处破坏的行为发泄出来。

孩子真正的专注更多的是依靠兴趣来增强，而不是像成人那样依靠意志力和刻意限制来达到。你越是不断提示孩子要"做到专注认真"，即只提供口头的要求或者是做到后给予什么奖励，他越会感到挫败和无助；孩子能够理解你的要求和期望，但是无法做到，最后会感到被你反复地忽视和否定，越来越浮躁。

3　支持性回应：以孩子为师，拴住心思

对于浮躁不专注的孩子，你要多花些时间来发现他的兴趣爱好和不足之处。如果孩子对任何事情都提不起兴趣，你一定要引起注意，这是一个很危险的信号，长期处在无聊、无所事事状态下的孩子容易发展出很多难以调整的坏习惯，比如懒惰、无斗志、无想法。所以，无论如何，你要想尽办法激发出孩子内在的喜好点，即使孩子只爱看电子产品，你也可以从中发现孩子的兴趣究竟在哪里。这需要你们全家营造出更加宽松的环境，撤除不必要的限制，让孩子有可以充分进行探索和发展爱好的机会。比如有些父母从来不允许孩子进厨房，不能够碰剪刀，不允许孩子光脚和躺在地上，结果发现孩子超级喜欢做饭、剪纸。做了这些事情后，孩子眼睛里

慢慢有光了。

"注意"这一心理学概念涉及孩子大脑发展的很多方面，具有很多分类和维度。你所关心的长时间专注，更多的是从注意的时长和是否是有意识地参与来评价孩子的，是一种有意注意，即主动对一些事物产生关注，受到意识的自觉调节和支配。但孩子缺乏兴趣，就很难进行有意识的参与。注意的特性也有很多，有指向性、集中性、稳定性、转移性、分配性、广度等。这样细致区分后，你才能确定孩子究竟在哪些方面的发展存在不足。

孩子表现出来的是没有集中性和稳定性，指向性不明显，但转移性却很好，分配性和广度上暂时没有体现。所以你需要把更多的回应放在加强孩子的兴趣指向性、集中性和稳定性等方面，而不再只是笼统地评价孩子注意力不集中。

孩子浮躁不专注的现场，你该如何回应

参照电子产品吸引孩子的逻辑，与孩子建立和保持时时互动，给予孩子积极的反馈。为了做到这一点，建议你采取"以孩子为师"的策略，总是向孩子提问，迫使他去主动思考，而不是指望着他自己产生积极兴趣。小孩子天性善良，乐于帮助别人，特别是当自己亲爱的

支持性回应
搭建亲子互动的脚手架

爸爸妈妈向自己求助时，他们通常很乐于提供帮助。

你可以联合使用动作类、言语类和工具类的"脚手架"进行回应。互动的时候不时地拉拉孩子的手，捏捏孩子的手指（**捏按**），轻拍后背和肩膀（**抨后背**），这些你主动提供的小动作都能使孩子提高注意力，帮他缓解浮躁的身体，代谢掉干扰因素，不等孩子身体有反应，你先行帮助他的身体得到满足。

最重要的是，你要懂得向孩子问问题（**追问**），激发孩子当你老师的内在愿望，借此发展孩子的内驱力，为了给你讲明白，为了给你一个回答，促使他乐于主动求知和探索。发现孩子到处抠的时候，不是严厉制止，而是让身体跟孩子保持同一姿势，从他的视角去观察他正在抠的地方，虚心请教："你在干什么呀？你想抠出什么来？要怎么抠？能教教我吗？这里面藏东西了吗？有什么好玩的吗？"也许，你会觉得这些问题根本没有必要，或者太无聊，但你可以去试试，一定会有你意想不到的发现。不要想当然地去猜测孩子的内心，他们做很多事情其实都有自己的想法，不是无缘无故的，只是你没有给他们机会说给你听而已。

你可以用相机拍照，记录孩子不同的专注内容，进行发散性讨论。如果你不能陪在孩子身边，可以让家人

帮忙,用相机把孩子专注做什么事情的过程都录下来,对着影像你再去跟孩子请教。

帮助孩子克服浮躁冲动,你后续该如何回应

在多次"以孩子为师"的回应经验里,你会逐渐发现孩子越来越多的兴趣点。到了这一步,你就取得了极大的进步,因为孩子的兴趣一旦被启动和激发,意味着孩子注意的指向性和集中性就得到了明确,后续的探索进程会远远超过你的预期,你后续需要回应的聚焦点则转为注意的稳定性方面。

动静交替,是很适合小孩子的方式。你需要注意的是,先有动,然后才会有静,而不是让孩子安静地待上很长的时间以后,才让他们去动,这个顺序就弄反了。所以"欲静则先动",就像我们在进行跳远时先后退几步助跑再跳会跳得更远的道理一样。在道家的哲学中,动静是相辅相成的,动是静的基础,静是动的归宿,孩子通过动能够更好地理解和体验静。当孩子常浮躁时,一定要让他动起来,身体动起来,大脑和心才会慢慢平静下来。

面对这样的孩子,至少要持续参与一项体育活动,如案例中的跆拳道,实际上应该继续保留,而不是断然停止。当孩子在一个鼓励他去动的活动中,他的心理是

安全的,他会感到自己是得体的,是被鼓励的,而不是被否定和限制的。所以,后续的支持只要挑选出一两项孩子能够持续参与的**运动游戏**就是最佳的回应。通过参与这些内容,孩子不仅身体得到了运动的满足,还会磨炼出很多优秀的意志品质,如守规则、懂克制、会合作、能忍耐等。

撤除浮躁不专注孩子的"脚手架"

无论是在现场还是后续的回应中,只要孩子拥有了自己的兴趣,你的言语类"脚手架"就可以逐渐减少和撤除,你起到了撬动和激发的作用即可,过度陪在孩子身边可能会引发不必要的打扰,孩子甚至会为满足你的好奇,丢失自己的内在兴趣。

孩子运动够了以后,还需要一段时间慢慢静下来,这个时间你一定要有预期,不能武断地要求孩子瞬间就从动转变为静,等孩子的呼吸平缓后,胳膊腿慢慢放松下来后,他就可以独立安静地活动了,你的回应就可以悄悄撤除了。

浮躁不专注孩子的其他问题

这类孩子很容易遭遇同伴和学业上的双重压力。这时要尽可能帮助孩子保留住至少一个长期同龄朋友的陪伴,不要用成人世俗的观点干预孩子的交友。同伴的情感支持是家长无法取代的。然后,帮助孩子首先克服和应对一门学业压力,避免追求完美和面面俱到,从孩子具备优势的科目开始,帮助孩子逐渐平静和专注下来。

五、内向放不开:家有一株"含羞草"

小美和爸爸妈妈在一起时话比较多,但是在不认识的人面前就很害羞。幼儿园新生报到的第一天,她紧紧抱着爸爸不愿意进教室,表现出对陌生环境的恐惧和对爸爸的依恋。进入幼儿园后,她不愿意与同伴交往,喜欢独处,在他人和集体面前不愿意表达自己的想法,碰到困难容易产生紧张和焦虑的情绪,好哭泣。老师发现,小美在与同龄幼儿交往时,往往会因为缺乏主动性和自信心而显得被动和沉默。例如,当老师试图通过介绍新朋友来帮助小美融入集体时,小美虽然接受了,但在与小朋友的交往中,她更多是作为旁观者,缺乏主动参与和表达的意愿,总是一副怕怕的、怯怯的样子。

这天爸爸接小美回家,路上碰到了敏儿。两个小朋友从小一起玩儿,见面后特别高兴,能歌善舞的敏儿还跳起了刚学会的舞蹈。小美爸爸想到女儿平时在家也爱跳舞,就对小美说:"你也把上次在家跳的舞蹈,给敏儿跳一下吧。"开心的小美立马皱起了眉头,生气地对爸爸说："我不要！"爸爸继续对她说："你也表演一下。没事的，爸爸和你一起。"小美就是不愿意，而且情绪越来越激动，最后竟然大哭起来。

一大早起床，小美想要吃到水分很多的瓜果。一看，爸妈只准备了苹果，内心很不满意："又是苹果！我不喜欢吃！""你不是说要吃水果吗？怎么又不想吃了？""现在又不想吃了！""爱吃不吃！下次不给你准备了！"小美"呜呜呜"地哭了，爸妈很生气。感觉这孩子就喜欢自己赌气，内心想啥又不会直接告诉别人。跟她在一起总要猜，一个没猜对，她可能就翻脸了。

1 典型画像：喜欢独处，对不熟悉的人和事感觉不舒服

从家人来看，这类孩子常常具有两面性，在熟悉的环境和熟悉的人面前中，放松自在，大方活泼，乐于表现；但是在不熟悉环境或者外人面前，便会表现得扭捏、退缩，甚至会因为别人误判了他的意思而恼羞成怒。从孩子本身角度来看，他们更多时间喜欢安静和独处，不熟悉的人和事情太多会让他们感觉"刺激太多，不舒服"。他们喜欢交朋友，也有能够深处的密切朋友，但只限于一两个，不会太多。本质上看，孩子内心深处

第三章 性格有短板

还是很不自信,容易充满顾虑,产生紧张纠结的心思,无法在他人面前放开,泰然自若地表达自己。他们内心活动异常丰富,但行为上却鲜有表达。

2 错误回应:提出新要求和新任务

仅是不熟悉的人和事情,就能让孩子感觉难以应对,产生极大的不安全感,根本无法自洽。在这样的状态下,你再对孩子提出新要求和新任务,就会令他们感到异常的慌乱,很容易有愤怒、讨厌你的情绪,因为你没有经过他的同意,擅自做了决定。如小美并没有打算表演,但是爸爸却直接发出邀请,这让她一下子就翻了脸。

可能你认为还是要多鼓励孩子,给孩子机会,但是"没关系,大家不会笑话你!""有什么可怕的呀?"这些说教式的互动往往令孩子无助和厌烦,因为你仍然只是站在自己的角度表达感受,并没有真正了解孩子的痛点所在。

对于孩子放不开的表现,如果你表现出不理解,忍不住再指责几句,那绝对是对孩子雪上加霜。你的指责贬低不会让孩子变得大方,反而会让孩子更加退缩,在已有压力的基础上,还要增加时刻提防你的"出其不意",以及畏惧你的"不满"。

3 支持性回应：具身学习，羞愧脱敏

从小美跟爸爸的互动细节中可以看出，孩子的内心想法和跟爸爸的期望有着很大的不同，孩子乐在欣赏，而爸爸则期待孩子也去展示。小美表现出的放不开，主要是难以克服自身的害羞、担心、恐惧和胆怯，这些负性情绪多来源于对他人没有建立起应有的信任，孩子尚未建立完备的"他信"体系，因为不相信他人导致不相信自己。这时你要学会帮助孩子分析出她在怕什么？担心什么？害羞什么？而不是一再重复："没什么可怕的／可担心的！"

内向实则有真假之分，假内向的人在内心深处渴望与别人交流和接触，但这并不意味着他们和外向的人一样，喜欢跟所有的或是大多数的人接触交流。他们会有自己的选择，在一定的情境里与特定的人进行接触和交流。小美的表现可以看出，她就是一个假内向的孩子。

内向外向，在心理学上是指气质中指向性的一种。当人的言语、思维和情感常指向于内在者界定为内向。艾森克个性问卷对典型的内向性格描述为：安静、离群、内省、喜欢独处而不喜欢接触人，保守，喜欢与人

保持一定的距离，愿意自己做决定。因此，有时孩子表现出来的内向放不开，其实是因为你在某种程度上"违背和强迫"了孩子的意愿，没有征得孩子的同意，就替孩子做主张，越是有主见的孩子越是会抗议你替他做主。

因此，你需要撤回到自己的位置，继续为孩子提供放松的环境，帮助孩子在反复的主动尝试中提高抗压能力，建立起对他人的信任，掌握一套属于自己的克服羞怯的办法。

孩子内向放不开的现场，你该如何回应

这个时候，你一定要少说话，因为说得越多错得越多。前面谈到过，孩子在这个时候越是什么行为表现都没有，他的内心活动越丰富，这意味着他心里的想法和内在声音越繁多，因此你用来安抚他的每一句话错误的概率就会越大。

你需要宽容地为孩子现场营造出一个安全的"帐篷"，为他遮风挡雨，最简单的做法就是**拥抱**住孩子，让孩子的头埋在你的身体里，使孩子的眼睛远离外面的世界只看到你就好，避免孩子的眼神受到更多消解不了的刺激，主动提醒孩子"你可以拒绝，一切由你做主"。

如果孩子做出"逃离"的举动，那就随他去，如果

孩子表示愿意继续留在现场，那你陪他锻炼自己的好机会就来了，虽然后续可能什么也没有说、没有做，只是继续在孩子曾经抵触的环境里，这对孩子来说就是一个"脱敏和适应"的过程。

帮助内向放不开的孩子，你后续该如何回应

孩子会面临越来越多的新环境，如果每次都不能做到自洽，无法融入新环境中，结交一些新的朋友，大概率还是会影响到后续社会性的发展。那你可以怎么做呢？

首先，在态度上调整为了解和接纳，你越是否定孩子，孩子就会越放不开。如你让孩子喊人，孩子就越叫不出口，如果你不提示，孩子可能会慢慢地自我鼓励，主动打招呼。那么，你教你的，但是别提具体要求，后续的表现就看孩子的主动性。

其次，除了守株待兔，你还是要主动提供一些帮助。对孩子来说，**假装游戏**是最好的学习方式。在角色扮演的过程中，孩子能够有很真实的情感体验，但又不会有道德束缚和情感焦虑，把自己担心害怕的内容逐层剥落。在家和孩子一起重现幼儿园里的情境内容，角色可以商议，也可以抓阄，争取做到每个角色都能体验到，把你想要说给孩子的建议，通过角色生动地表达出

来，能够更好地帮助孩子在集体中自在地展现自我。

最后，持续地鼓励孩子，让孩子感受到自己的每一点变化。当孩子有了小进步时，可以悄悄地告诉他："你比上次更棒啦！"通过你多次坚持不懈地正向反馈，孩子会内化成自我鼓励，即使他还有那么多的担心，但是你为他筑造起的"安全堡垒"最终会帮助他克服自己的不足。

撤除内向放不开孩子的"脚手架"

孩子没有那么放不开了以后，你就要撤除对孩子这一点的关注和回应。孩子的学习通常有很强的举一反三的能力，如果你过度执着于不断改善他的某些方面，反而会让孩子时刻记挂起自己曾经的"不堪"。为此，你撤除"脚手架"能给孩子提供一个自主成长的空间，在孩子主动努力下，达到一个最优状态。

内向放不开孩子的其他问题

3～6岁期间，儿童的人格发展进入主动对内疚阶段，他们视自己为有自主权利的人，并且能够自己做主进行选择。一旦外界与自己的内心准备不符，就容易陷入非黑即白的二元世界，容易对他人产生敌意的认知，有时他们会为了避免自己的不自在而主动选择疏离，达到自我保护的目的。

如果你认为不爱表现的孩子，就会更加内向，失去很多机会，其实这个逻辑并不存在。一定不要挥着"鼓励和引导"的大旗，让孩子后退无路。

鼓励和引导从来没有你想象的那样容易和有效，一句话就打动孩子，一个举动就改变孩子，是被人为勾勒出来的完美教育的误导。一旦自己实践失败，便会充满烦躁和焦虑，这种负面情绪会以打击的方式转嫁给孩子。

六、自卑不自信：喜欢做"缩头乌龟"

客观地说，虽然我家孩子不是最聪明、最漂亮的，可是也没有很差，至少能算个中等水平吧。可我发现她特别不自信，跟一群小朋友在一起时，她总是溜边儿、退缩，什么事情都不敢上前参与，总是很不自在的感觉。

新年联欢会时，老师播放熟悉的儿歌音乐，几乎所有小朋友都上台跟着老师蹦蹦跳跳的，她就是杵在那里不敢迈步。后来爸爸拉着她简单跟了几下，她一回到座位上就趴在爸爸怀里哭了，问她"怎么了"，她一直在说"我跳不好！丑死了！""小朋友都在笑我呢！"

第三章　性格有短板

我们赶紧安抚:"没人笑话你呀!大家都在玩自己的呢!新年了,小朋友都开开心心的,他们可不是在笑你!""他们就是在笑我!"

周末的早上,我正在餐厅打豆浆,就听见卫生间里传来丁零当啷的声音,跑去一看,孩子坐在地上,牙刷、牙杯、擦脸油滚了一地。看见我,闺女一下子失控了,号啕大哭:"我怎么这么笨呀!我就是盖不上盖子!我是笨蛋!""没关系的!妈妈以后慢慢教你,你就会了!""我不会!我学不会!永远学不会!"我用了好长时间才安抚好孩子,一个美好的周末就这么浪费了半天时间。

1 典型画像:不敢当众表现,自我否定

不敢当众表现,即使有所表现时动作幅度也是小小的;更不敢在一群人面前发言,可以跟着别人一起轻轻地发出声音,独自一个人鼓足了勇气发言时声音通常也很小;表达不流畅,断断续续,甚至出现结巴的现象;脑门和手心可能还会出汗,容易脸红,心跳加速。这种场合对孩子来说就是一种煎熬,特别想尽快完成,赶紧逃离,或者是钻进地缝,不到万不得已,他们绝不愿意参加这种活动,因为总是担心被嘲笑而主动选择不做、

不参与。与人互动时，不敢与别人对视，喜欢躲闪，过度在意别人的评价。同时有表扬肯定和批评质疑时，对于后者他们更加敏感，在这样的心境下常常自我否定，贬低自己的能力和价值，总是认为自己不如别人，感觉自己很笨。

2 错误回应：忽视感受，指责比较

孩子有这样的体验时想要跟你分享，如果你忽视他的感受，容易让孩子感到自己不被重视，对于自己的问题感到更加困惑，找不到解决的办法，从而更加畏缩和恐惧。如孩子跟你说："我不敢，我就是怕！"你回应："没事儿的！有啥怕的！"这时孩子反而会更加害怕和无助，无法从你这里获得有效的帮助。

当孩子确实没有做好时，你不经意间的指责和比较会瞬间激发孩子的更深层次的自卑和愤怒，加重他们对自己言行的愧疚感，继而陷入自责中，感觉非常对不起你。特别是孩子主动跟你表达歉意时，你还是表现出责备和不理解。孩子跟你说："对不起！我又没做好！"你回应："就你总是做不好！道歉有什么用？我就不明白了，为什么别的孩子就能做好？你不是跟他们一起学的吗？"这样的回应虽然与孩子有了及时的互动，但是

第三章 性格有短板

却会让孩子感到更加沮丧和失望,他们最初的表达通常在期待你的安慰和理解,而你却让他们只看到自己的无能以及你的不满。

3 支持性回应:"他信"之后才有自信

一味地安抚孩子,并不能解决他们的问题。你总是跟孩子说"没事儿",但对他们来说,确实是每个小环节都有事儿,都有困难和障碍。自信并不是天生的,完全可以培养出来。通过仔细观察和分析你就会发现,自信的人并不都是能力很强、表现很好,不自信的人也并没有那么弱,在很多方面都有优势,但就是没有自信。所以,自信和能力强之间并不是完全一一对应的关系。另外,从一个人来看,有些人内心深处可能是很自卑的,但是在自己擅长的领域也能够表现得非常自信,而那些自信满满的人,也会因为自己不懂和不了解的东西表现出没有自信,这说明自信在同一个人身上也不总是存在,也可能会在不同的领域内有所区别。自卑的人不自信的概率会更大,而自信的人自卑的概率会更小。但人的内在非常复杂多变,不可轻易下定论,尤其是身为父母,建议你永远不要为孩子贴上任何绝对化的标签。

对于自卑的孩子,不用盲目地把关注点聚焦在提升孩子的自身能力上,你需要关注的是孩子内在的心理感受和对自己的积极评价。有些孩子,即使你把他的能力提升到很高的程度,也很难阻止他对自己的负性评价和过度贬低。解铃还须系铃人,孩子的主观体验往往来自于别人的反馈以及自己主动跟别人进行的比较,你可以重点从帮助孩子建立"他信"入手,当孩子更多感受到周边环境的宽松和美好时,他会倾向于更加善待自己,因为对外界有着足够的信任,孩子才敢于真实地表达自己,找到作为独立个体的松弛感,继而脱离具体的情境,建立起对自身的积极认知。

孩子自卑不自信的现场,你该如何回应

最简单的回应就是随机应变地转移孩子的注意力,用幽默的方式缓解孩子"不真实"的体验,而不是把精力浪费在跟孩子进行"辩论、较真儿和掰扯"上。如果你在上述案例的现场,孩子说"我跳不好!丑死了!"你可以大方做几个动作,回应孩子:"有我丑吗?我感觉自己更丑呢!你不会笑话我吧?"这样的回应也是一种简单的**假装游戏**,你可以代替孩子把她的担忧重点陈述出来,如果孩子回应:"没有!不丑!"虽然是对你说的,但对她安抚自己也有着意想不到的效果。

简单化解之后,要及时给孩子搭建退路,有了退路

的孩子更有底层安全感。你可以大声跟孩子回应:"你看某某跳得多好玩儿啊!简直笑死我了!"通过这样评价他人,孩子会不经意间把同伴也从"神坛上"拉下来,看到自己和同伴其实没有太大区别,从而放弃贬低自己。当你看到东西散落在卫生间的地面上时,不选择忽视孩子,而是简单确认:"没伤着吧?我早就觉得这个盖子不好使了,上次我也给弄掉地上了,都没敢告诉你!"听到你的这些回应,孩子会阻断对自己的低评价,转而好奇你的感受。"后来我发现一个魔法,能让盖子不掉!手上只要有油,盖子就不听话了,你绝对不能让它们两个相遇,否则你就会倒霉啊!我就把油都先抹在胳膊上,再去弄盖子!你试试?"当你采取这样带有童趣的方式去回应孩子时,孩子更能掌握解决问题的办法,减少迷茫和无助感。

帮助孩子克服自卑不自信,你后续该如何回应

如果孩子总是认为别人会有惩罚、嘲笑、指责、敌意等言行,就永远不会建立真正的自信,这种来自于心底的过度警惕的念头会一辈子带来无休止的困扰。看似是认为别人有恶,实则是孩子习惯于用"恶"的性质归类他人的言行,总是认为别人会有不好的反馈和意图,即使别人并没有,或者是充满善意的表达,孩子也会误

以为是负面的内容，这从逻辑上来说，对他人是非常不公平和不友好的认知。

如何帮助孩子建立与人为善的意识，增加对他人的信任呢？最有效的影响就是你平常对环境、世界的解读，孩子在你身边受到的耳濡目染对他有极大的影响。如你在马路上走，突然有司机按喇叭吓到了你们，你问孩子："你猜，司机为啥按喇叭？""他觉得我们挡着车了！用喇叭说我们呢！""我猜的跟你不一样，司机可能害怕撞到我们，没忍住就按了喇叭！咱们把司机给吓着啦！"遇到红灯等待时间长，你回应："我猜，红灯长是为了让我们好好休息一下！"善意积极的解读足够多以后，孩子的善意思维就会充满大脑和内心，这就是近朱者赤、近墨者黑。

除了日常的碎片化练习，你还可以使用**可视化图表**来回应孩子，帮助孩子见证自己的改变。对于小孩子，最初可以使用最简单的好坏来区分事物，随着孩子年龄的增长，可以逐渐丰富评价的内容和词汇。你们可以每晚睡前讨论一两句即可，就如同说"做个好梦、晚安"一样简单。"恭喜你今天又遇到了新的好人和好事儿！"孩子可以用彩笔在表格上画任何喜欢的图形，表达今天友好的见闻，一周、一个月的累积，能够让孩子亲眼见证自己所遇皆美好。即使有一些不如意和小麻烦，也因为记录了正向的内容而被逐渐遗忘，实现了"瑕不掩瑜"的效果。

撤除自卑不自信孩子的"脚手架"

现场回应孩子时，等孩子情绪恢复稳定愉快以后，就继续其他事宜，此时非常不适合再进行长篇大论的回应。因为你的过分关注，会让孩子久久不能从不舒服的感觉里走出来。过去了就真过去了，这样你才是起到了良好的示范。

持续回应的过程里，一旦孩子习惯于对他人的认知进行善意解读，你就不用再进行示范了，转而给孩子以钦佩和肯定的回应，你的示范太多反而会适得其反，被孩子发现你是在故意"教导"，引起孩子的反感和防御。

自卑不自信孩子的其他问题

习惯于对自己产生过低评价，会导致孩子面临严峻的负性情绪调节问题。在不断贬低自己的经验中，容易建立起消极的思维方式，总是用消极的态度看待自己，即使是很寻常的失败也会盲目归因于自己能力的不足，长此以往，没有积极力量的支持，孩子就会被困在低自尊、好逃避、不敢对外界有任何诉求和表达的个性特质里，在同伴相处中也会处于劣势地位。

七、嫉妒爱攀比：孩子成了"虚荣的孔雀"

凌凌是个个性内敛的小姑娘，容易害羞脸红，不敢大声说话，在爸妈眼里是个非常乖巧的小姑娘。上了幼儿园以后，凌凌变得大方多了，也喜欢说笑了，这要归功于孩子交到了几个好朋友，他们经常一起玩耍，凌凌跟小伙伴的关系越来越亲密。但最近却出现了新的问题，凌凌总是缠着爸妈提出各种要求，总是一副不满意的样子，动不动就会嘟嘴、抹眼泪、独自生气。"我也要养一只猫，双双和小雨家都养猫了！撸猫可有意思啦！""小雨的粉色运动鞋特别好看，还亮晶晶的，我都没有粉色的，我也想要！""苗苗家里有一大包棒棒糖，好多种口味，我也要买！""萌萌还没回家呢，我也要继续玩，不回家！""双双周末去公园骑三人自行车了，还吃了小白兔的糖画，你们也得带我去！""帅帅跳绳都能跳80个了，我只能跳30个，我太生气啦！"类似的索要、抱怨不胜枚举，几乎每时每刻，凌凌都有可能提出各种各样的要求，每个要求的提出，都是在跟小伙伴进行了"比较"之后产生的。从衣物到宠物，再到各种活动安排，凌凌的眼睛里、脑子里充斥着

各种小欲望,只要别人有的、做过的,她都想要拥有、尝试,完全不顾及自己的实际情况,彻底陷入各种"攀比"的心理魔咒里,用爸妈的话说,孩子简直成了一只"虚荣的小孔雀"。

1 典型画像:自我中心,容易感受到来自同伴的压力

过于自我,所有的想法都站在自己的立场上进行考虑,总是说"我想要怎样,我想什么",完全忽略当时的实际情况,不管不顾地提出要求,执意要求别人满足自己,不听劝,只想要别人帮自己做这做那,严重缺乏换位思考的意识。非常容易感受到来自同伴的压力,不是同伴给施压,而是孩子自己会"主动搜索"到各种压力。这些孩子最初往往内敛不善社交,一旦有了朋友之后,之前的"小自卑"和"放不开"再次释放出来,难有主动的想法,认为只有复制了跟同伴一样的生活,才有资格和对方玩到一起,互动起来才有现成的话题供他们"抄作业"。这类孩子内心缺乏充实感,容易在精神上感到匮乏和饥渴,被满足后产生的获得感持续时间非常短暂,很快又会被新的欲望所取代,做不到珍惜,也缺少对生活的深度体验。

2 错误回应：否定、嫌弃和忽视

一旦你开始厌烦孩子"爱攀比"的特性，就会很容易表现出对孩子的否定和嫌弃。每当孩子提出超过你心理预期的想法时，无论最后你是否妥协和满足孩子，最开始你都会自然而然地先批评指责。孩子也想效仿别人，周末去公园里骑车，如果你脱口而出："人家去哪里你都想去，没看见妈妈身体不舒服吗？爸爸还要加班，怎么这么不懂事？我真服了你了！"

这样回应时，你已经完全脱离身为父母的理性状态，对孩子形成了固有的偏见，认为凡是孩子主动提出的内容，都不值得考虑，都是不适宜、过分的要求。孩子除了感受到自卑，还会感到茫然。但仔细想想，你就会发现，孩子提出的大部分内容都值得关注和尝试，比如选购孩子喜欢的运动鞋、一起去骑车、提高跳绳的能力。

如果你为了坚持自己的"严格管教"，无视孩子的一切要求，采取忽视的回应方式，只听不反馈，孩子说孩子的，你就是不做，也不进行任何沟通，这样虽然表面上没有助长孩子"爱攀比"的行为，但是却会让孩子在心理和情感上都积累出很多的不满足和委屈。自己的想法得不到实现，自己的需求爸妈都不愿意倾听，孩子会形成自己不被重视、不值得被爱的想法。这种体验对孩子的伤害可能会持续很久,有的孩子因为有了这种童年感受,从小就产生了尽早逃离这个家的想法,因为他们认为再也无法从自己最为依靠的家中获得积极的反馈。

3 支持性回应:由内向外打破畸形需求的"魔咒"

"爱攀比"对孩子来说,未必是一件完全不好的事情,说明孩子跟同伴较之前有了更深的接触,增长了生活的见识,对新鲜事物敏感、充满好奇和兴趣,内心向往上进。关键问题是如何将这种行为引导成积极的自我成长力量。

对于这种由内心滋长出来的"魔咒",你想要从外面帮助孩子打破很难,治标不治本,源头不解除掉,"魔咒"只会不断生长和更新。因此你之前采取指责和忽视的方式进行回应,并不能解决孩子的问题。你要求孩子克制住自己不切实际的想法,有意识地为你们考虑,孩子无法感同身受。孩子过高的要求你满足不了,同样你提出的过高要求,孩子也难以达到,因此,这样做对解决眼下的问题没有效果。

你尝试着从孩子的角度考虑一下问题，内心有这么多无法实现的想法，累不累？难受不难受？当务之急，不是在孩子身边说这有多不好，而是应该一边直接帮助，一边耐心劝解，成功地让孩子卸下这些"爱攀比"的包袱，调整通过攀比和效仿保持友谊的错误想法，之后再逐步帮助孩子淡化爱攀比的意识和坏习惯，从根本上解决困扰。

孩子嫉妒爱攀比的现场，你该如何回应

毫无疑问，卸下"爱攀比"的包袱是你当下最需要做的事情。孩子的一言一行都需要你认真倾听和观察，不要再指责和忽视，也不要马马虎虎含糊应对。当孩子产生了不舒服的思维和想法时，你要在共情的基础上建议和劝解，采用**聊天**的方式进行回应。

孩子要养猫咪，可以分享小猫的视频和其生长习性，假想他和爸爸妈妈都不在家的时候，谁来陪伴呢？双双的妈妈并没有去上班，一整天都会在家，可以照顾猫咪，这样猫咪才会开心呀！通过这样具体的引导，让孩子主动思考和权衡：自己到底适不适合在家养宠物。这时你还可以承诺，在以后条件允许的时候，再来实现这个"小愿望"。孩子提出也想到公园骑车，你积极回应："太好了！可以去啊！那咱们现在商量一下哪个时

间比较好呢？一家人去骑车，肯定特别开心！"

你发现和重视了孩子的兴趣，对于可以满足的想法给予满足，同时向孩子解释还有一些细节需要商议，孩子会感受到很大程度上的满足，更容易做到延迟满足，主动筛选自己产生的想法，懂得自己逐个判断是否合理。

帮助孩子克服嫉妒爱攀比的心理，你后续该如何回应

"魔咒"不是一天生长出来的，去除它也一定需要一个过程。在进行了现场接纳性的回应之后，你可以开始进行持久的回应和帮助。因为你第一反应不再是全盘否定，有了积极的关注和部分支持，孩子内心具有一定的安全感，心胸也会逐渐放松敞开，大脑思维也会更加宽阔，不再执念于唯一的想法，更容易表现出"听劝"，这时你可以重点给予以下几点回应：

首先，躬行和示范，帮助孩子淡化"爱攀比"的意识。孩子有时候的攀比不是自发产生的，而是来源于你们的"身教"。父母之间的谈话，要避免成人之间的攀比，比如谁家买房换车了，谁家去哪里度假了。当孩子有了小伙伴以后，你可能会不经意间把别人家的孩子树立成"榜样"，鉴于嫉妒心理，孩子往往无法坦然接受同伴比自己强，觉得你总是夸奖别的小朋友，就会喜欢别人不喜欢自己，产生危机感和焦虑，当看到别人比自己好时，很难做到心胸开放地欣赏。你要考虑孩子的心理感受，不人为制造"攀比"。试试这样回应："小雨喜欢粉色的鞋啊，你喜欢白色，你们喜欢的颜色不太一样呢！如果喜欢粉色，那就等到这双白的不能穿了，下次再买的时候，你也选个粉色吧！"

其次，分析和沟通，帮助孩子调整"爱攀比"的想法。当孩子确实不如别人时，你在鼓励孩子时，可以采用**聊天**和**追问**的方式，重点分析别人为什么能够做得好，帮助孩子去想自己怎么做也能更好。孩子跳绳不如人，就陪着孩子一起观察别人怎么摇绳、双脚离地多高，怎么能够专心不被影响，这样孩子的关注点就会转移到改进自己的具体办法上，做到真正的进步。你可以用游戏的方式陪孩子一起练习，也可以一起向同伴请教，形成同伴互助关系。

撤除嫉妒爱攀比孩子的"脚手架"

教会孩子有效应对自己的情绪情感后，对于具体的调节技巧，你可以鼓励孩子自己去发明和创造，每个人喜好的方式不同，不要强制孩子采用你的成功经验。

嫉妒爱攀比需要关注，但很多时候没有想象的那么严重，对于有些孩子来说这也是特定年龄阶段和时期的事情，你给足倾听和关注即可，不需要过度支持，有些事情孩子也能够凭借自己的努力进行消化。

嫉妒爱攀比孩子的其他问题

这类孩子容易陷入执念，莫名就会缺乏理性地想要效仿同伴索要物品，得到后很可能发现自己并没有那么喜欢，就会再次放弃，重新寻找新的目标。如此一来，容易进入到寻寻觅觅、不得满足的茫然状态，缺乏认清自我真正需求的能力。一定要多关注孩子的精神生活，如参加艺术展览活动，目的是增加孩子感受美好生活的多样性的机会。在回应孩子时，不可过度激发孩子功利性的欲望，而是要帮助孩子建立属于自己的努力目标。

Chapter Four

第四章 情绪问题大

一、愤怒生气：不断鼓起的"气球"

孩子的身体就像一只气球，随便来点儿气就会"鼓起来"。大多数时间里都是气呼呼的，周边的环境处处让他不满意。去干什么都是高高兴兴地来，气呼呼地走。要玩具别人不给玩，他生气；别人的好吃的不跟他分享，他生气；椅子挡着他的路了，他生气；东西自己没拿住掉地上了，他生气。孩子一天到晚都在各种生气，生气多了就会越来越愤怒，踢人、跺脚、摔东西的情况越来越多，我真的很担心孩子伤害到自己和别人，以后谁还敢跟他做朋友啊。

第四章 情绪问题大

1 典型画像：一言不合就发脾气，不会调节情绪

案例中对孩子生气时的样子描述非常形象，从成人的角度来看，孩子的情绪具有非常明显的线索。愤怒和生气经常连在一起，但还是有些区别。生气是孩子感到不满和不舒服时，一种不合心意而不愉快的情绪体验，情绪上会有所波动，但程度比较轻。愤怒则是对某些情况感到强烈不满，伴随着难以压抑的怒火，是一种非常强烈的情绪反应。孩子生气通常会皱眉、说话语气加重、声音变大；愤怒时则会大喊大叫、大声争吵、摔东西甚至出现暴力冲突。孩子普遍情绪管理能力差，缺乏有效的调节技巧，难以平息愤怒或沮丧的情绪，容易被微不足道的小事触发，表现出强烈的负面情绪；对挫折容忍度低，根本无法忍受失败或不顺利的情况，一旦不如意，就会瞬间变得不安和狂躁。

2 错误回应：严厉指责和压抑孩子的情绪

特别是在公共场所，孩子愤怒生气时，如果你因为顾及身边人的反应，以及碍于面子，立即严厉指责和压抑孩子的情绪，哪怕只是瞪了瞪眼睛、大声斥责或是吼叫孩子："你想干吗呀？""疯够了没有？"都极可能会加剧你跟孩子之间的情感冲突，让孩子陷入新的愤怒情

绪，相当于你为鼓起来的气球又加进了一口气。不仅没能解决问题，还激化了问题。

如果你控制不住自己，试图使用暴力和恐吓性语言来回应孩子，比如把孩子拉过来，给屁股打两下，吓唬孩子："再闹一会儿警察就把你带走！""魔鬼专吃不听话的孩子！"这些会迅速侵入孩子的身心，增加对孩子的伤害，危害面涉及认知、心境、安全感等多个方面。

如果你故意丑化孩子的样态："快照照镜子，看看自己的丑样子！"这样会引发孩子的羞愧感，以及孩子对你和自己的双重愤怒。

如果你表面耐心，实则在逼迫孩子，要求孩子立刻条理清楚地说明原因："说清楚怎么回事？快说呀！你不说我怎么帮助你？"也很容易让孩子感受到无助和压制，如同让一辆疾驰的火车迅速刹车一样，定会造成损伤。

3　支持性回应：运动起来，把气撒出去

如果你的回应方式都是试图压抑和言语类引导，大体上对孩子来说是无效的。情绪是人类的基本生物特征，受控于我们神经系统中很早就发展起来的区域，包括有很长进化历史的边缘系统和脑干结构。孩子在情绪

反应上表现出来的个体差异，都有很深的生物学基础。从生物学角度来看，愤怒情绪与个体的神经递质和激素水平有关，有些人可能天生就对某些刺激更为敏感，容易触发愤怒反应；遗传也可能在一定程度上影响个体的愤怒倾向，你经常生气愤怒，孩子就容易模仿这种行为；另外，孩子年幼时遇到过疾病、挫折、创伤性经历等，也极可能导致愤怒情绪的积累，使得孩子对某些特定刺激产生更强烈的愤怒反应。

但无论你的孩子属于什么情况，正视愤怒生气的生理基础，帮助孩子学会有效管理愤怒的技巧，这才是最应该提供的支持，也是孩子的最近发展区。至于后续认知重构、定期释放情绪和主动寻求支持的意识，则是未来需要发展的能力。

孩子愤怒生气的现场，你该如何回应

孩子愤怒生气时，如果你把自己的任务设定在帮助孩子抑制一项已经箭在弦上的反应能力时，你最好怎么做？我想从匹配的角度来说，没有比动作类"脚手架"更好的方式。孩子当前完全受控于自己的生理反应，如同我们在关于"易暴躁冲动"一节里分享过的，要让孩子身体产生变化。

试试那些能够让孩子笑出声来的动作吧！你把孩

子面对面抱着，用力贴紧彼此的肚子；把孩子拦腰抱起来，轻轻地旋转几圈，孩子不反对，就可以加快旋转速度；从后面抱着孩子的腰，带动他上下运动，创造腾飞和失重感；挠几处孩子的痒痒肉。也许你还有更多日常积累起来的好办法，那就都试一试，原则就是少说多做，利用随手可做的动作把孩子肚子里的气撒出去，再进行其他处理。

但提醒你一定要注意安全，撒气也不能进行得太猛。因为孩子愤怒生气时，呼吸可能都调节得没有规律，如果你的动作幅度过大，容易让孩子换不过气来，一定要循序渐进，确保孩子的身体安全。

帮助孩子克服愤怒生气，你后续该如何回应

首先是身体动作的调适。你需要花大量的精力，帮助孩子学习如何表达内心深处压倒性的情绪感受，这需要你和孩子一起研发一些小技巧，日常反复练习，才可以由熟到巧，关键时候发挥作用，确保无意识情况下也能做得出来。如双手的手指交叉紧紧握住，眼睛瞪着手看，把力量发泄出去；原地弹跳，一边跳一边喊数字，直到呼吸匀称、吐字清晰为止；原地平躺一会儿，感受地板或者土地带来的支撑感；张开双臂，旋转几圈。

其次是情绪反应的多重价值。发展调节能力，对孩子来说是一项重要且艰巨的任务。我们甚至可以把孩子的发展简单直接地理解为一项逐渐增长的调节能力。由此可见，调节能力异乎寻常的重要性。情绪能够为孩子的童年生活带来各种色彩，每一种情绪都能为孩子带来全新的认知。从进化的角度来看，愤怒具有预警和安全保护的意义，当孩子表达愤怒生气时，就是在释放一种信号，周边人要做好安全措施。

就案例中的孩子而言，"要玩具别人不给玩，他生气；椅子挡着他的路了，他生气；东西自己没拿住掉地上了，他生气"，引发孩子这般情绪的不仅是人际互动，也包括客体环境，这意味着孩子是个易于愤怒的个体。他需要重新建构自己和世界的关系，从认知结构上变障碍环境为"无障碍环境"。你可以多多尝试**假装游戏**中的角色扮演，也可以借助**绘本**故事中的内容，先把自己"隐藏"起来，直接询问孩子："为什么会生气？除了生气还可以怎么想？你自己会怎么处理？"然后再让自己现身，"如果我在，我会让你这样做……我会这么想……"具体可以是："现在不想给你玩儿，一会儿再问，他可能就想给你玩儿了！""椅子不会自己走路，也不会故意挡你，你的手就是用来帮助它们挪位置的

支持性回应
搭建亲子互动的脚手架

呀!""你的手稍不留神,东西就会被地面吸走,知道吗?地面是个巨大的磁铁!"

帮助孩子学会管理自己的情绪,不仅能够在让孩子在自己感到失望、沮丧或者受到伤害时好过一点,还能够帮助他们与别人更好地相处,愤怒调节能力和人的社会关系有着很大的关联性。如果你在孩子年幼时忽视他们隐藏起来的愤怒,或者人为地给孩子制造了很多愤怒,也许在你面前孩子表现得乖巧听话,但是待他们长大之后,脱离你的管辖,就会成倍地发泄出来。

撤除愤怒生气孩子的"脚手架"

正在气头上的孩子,可能表面上不再有反应,但是内心不舒服的感觉还需要很长时间的代谢,所以这个时候你的"脚手架"要比平常更晚地撤除。终结点最好是安排在晚上,睡前给孩子以温柔的安抚,小孩子有时会莫名地难受,情绪记忆发展的不足,使得他们可能根本记不起到底因为什么不开心。此时你的陪伴和温柔以待,会在很大程度上抚慰他们受伤的"神经系统",让仍处于兴奋状态的大脑区域归于平静。

愤怒生气孩子的其他问题

这类孩子容易发生睡眠障碍,多梦,易醒,睡不好觉；注意力下降，记忆力减退，大脑无法正常工作。愤怒时自主神经系统中交感神经极度兴奋，大量释放肾上腺素。可以多鼓励孩子参加体育活动，养成每天主动阳光运动的习惯十分有必要。

二、委屈失落：总是"向外求"的孩子

孩子总觉得别人对她不够好，只要不是第一个想到她，就会生闷气，莫名其妙地委屈，还会默默地掉眼泪，跟"林黛玉"似的。比如洗一盘草莓，只要没让她第一个吃，就觉得不爱她，有时还会赌气不吃；爸妈回家没有第一个跟她说话，她竟然会默默回房间掉眼泪。我们觉得已经对她够关注、够好的了，可她就是不知足，总抱怨我们不够爱她。

1 典型画像：生闷气，喜欢退缩和回避

孩子表达内心痛苦和不满的自然而然的方式就是哭泣，衍生出来的情绪就是委屈和失落。有了不舒服的感觉和怨气时，用主动选择沉默和不说话来应对，常常躲在自己的内心世界里生闷气，有明显退缩和回避行为。孩子因为这些不好的情感体验，且很容易受到伤害，所

以会选择向所有人都屏蔽，以免自己受到更多的伤害；充满孤独感，即使与人交往也是"逢场作戏"；目光很少有神和专注，都是闪避、看向别处，难以真正感受到社会交往的乐趣，内心总有一个声音发出"哀号"，认为所有人都没有自己期待的那样爱自己。整个人看起来很低落，没有力量，缺乏活力和朝气。

2 错误回应：忽视或轻视，认为孩子"无病呻吟"

如果你觉得孩子的委屈失落都来得莫名其妙，根本不值得回应，很有可能就会采取忽视或轻视的态度，认为这只是孩子的"无病呻吟"，不去回应，他过段时间自然就会好起来。也许孩子表面上又跟你互动了，但是孩子的内心因为你的忽视和不理解，负面情绪实际上加剧了，在内心深处与你的距离又远了一些。关键时刻，你也许会突然感到孩子什么时候变得如此陌生。

当孩子向你倾诉时，如果你总是急于打断或给出空洞的建议和安慰，可能会让孩子觉得自己的表达不受重视，没有被尊重，没有得到充分表达的机会，自己感到很茫然，不知道如何沟通才能让你真正理解他的感受。你回应"没关系，一切都会好起来的""没事儿啊，你要坚强一些"都无法真正解决孩子的问题。

如果你怕招惹孩子,不去正视孩子的问题,反而继续"骄纵"他们不合理的委屈失落,会让他们变得越来越难以相处,更加脆弱和孤僻,真正成为"不可理喻"的人。

3 支持性回应:带孩子换个位置看世界

孩子很在意自己在你心目中的位置,认为只有"首先"和"第一"才是你应该给予的回应,说明孩子很在乎跟你的感情,很希望跟你建立非常密切的关系,对你有非常高的期待。孩子本身是很重感情的个体,共情能力很强,孩子心目中的情感互动规则是,你在孩子心中排在第一位,公平起见,孩子要求你有同样的情感回馈,自然而然要求你有同样的排位顺序,把他排在第一位。此时你轻描淡写地安慰"没事儿,别难过"孩子容易感到不被共情,更加委屈和失落。这意味着孩子在社会认知发展上,目前仅具备从自身视角共情的能力,缺乏从他人视角共情的能力,对他人的想法、愿望和意图等理解有很多不足。

当孩子过分在意别人是否在乎自己、爱自己,因别人的反应而随时可能发生情绪波动时,也是内在不自信的重要表现，极度缺乏安全感。自己的一切，特别是在情绪情感方面，必须有别人的认可和鼓励才能得到持续的力量，人格发展上萌发出"不够独立"的特质，长此以往，很难发展出健全人格。

为此，缓解孩子的委屈失落，你需要多加引导孩子从自己固有的视角挪开，换个位置重新看世界，避免"只见树木不见森林"以及"一叶障目"的情况出现，发展出健全、完善和独立的人格特质。

孩子委屈失落的现场，你该如何回应

孩子委屈失落时，只要时间和空间允许，都建议你抓住这个机会，放下"这样会纵容孩子的矫情"之类的担忧，尝试"先情-再言-后理"逐步推进的方法，具体做法是"一共情、二表达、三分析"。

首先倾听孩子的心理历程和感受，不要急于打断，可以回应"我知道你很生气，也很难过，这很正常"；之后鼓励孩子慢慢表达出自己的内在想法，"听到什么、看到什么的时候，觉得开始不舒服了？你觉得哪一点最让你委屈？心里还有什么想法？"这样帮助孩子理清自己的思绪，用合理的语言表达的方式把负性情绪陈述出来；最后在孩子拥有了安全情感依恋后，帮助孩子分析

问题:"你觉得我们没有第一个跟你打招呼,还有什么别的原因吗?""你猜猜看,爸妈为什么不是总让你第一个来吃呢?""有没有可能,第一个吃跟最后吃,其实没有那么大的区别?有没有最先跟你打招呼都是爱你的,即使不跟你打招呼也爱你!"

这种耐心、细致、温柔的现场回应,通常是最能安抚孩子委屈失落的办法。此时孩子不需要听任何大道理,关键是讲清楚自己的想法,而你抓住时机,为孩子提供梳理情绪的机会,不知不觉地拓展和更新孩子的社会情感认知,既安慰了孩子,也促进了孩子的社会性学习。

帮助委屈失落的孩子,你后续该如何回应

现场回应的方式最为有效,可以直接在"小伤口处治疗",但为了在整体上"增强免疫力",你还可以在后续补充以下回应:

一是把孩子当作知心朋友,常常跟他分享你自己的情感困惑,这样能够帮助孩子理解更为复杂的社会情境,情境越真实,孩子的情感卷入越深刻,有助于他们应对未来更加复杂的社会交往。"今天奶奶买了橘子没让我吃,你猜是怎么回事?原来奶奶说那个橘子买得不好,想着让爷爷再去买来好吃的让我吃!我还以为是奶

支持性回应
搭建亲子互动的脚手架

奶故意瞒着我，不愿意让我吃的！错怪奶奶了！""你爸爸把我的生日都给忘了，我特别生气，觉得爸爸一点儿都不爱我！但是你也爱我呀，但是你也忘了！看来，爱不爱跟记不记得其实关系也没那么大！我想好了，要是特别在乎自己的生日，我就提前一个礼拜跟你们说，让你们帮我庆祝，再也不自己生闷气了！""我们都不是别人肚子里的蛔虫，我们不说，别人当然有可能不知道啊！别人不重视你的生日，可能他们连自己的生日也不重视！可别自己总是找气生！"这些细碎的分享和唠叨，可能理不出分明的大道理，但却很容易让孩子理解人际交往的情感规则，有期待但别强求，多体谅和信任他人的情感，淡化和放下自己的执念。

二是多跟孩子一起阅读绘本故事，相比于日常生活，绘本能够更有效地开阔孩子的情感视野，开阔孩子的心境和提高情商，走出自己狭隘的情感世界。绘本故事《快把秋天藏起来》，就通过小兔子的视角，讲述了朋友交往要尊重对方生活习性的故事。小兔子想要一直跟小刺猬玩儿，后来发现小刺猬越来越没兴趣，总是想要睡觉。小兔子还尝试了很多努力，不让秋天的红叶出现，最后小刺猬还是睡着了，因为它要冬眠，小兔子也明白了不能勉强行事，只能等待来年再和小刺猬一起玩儿的道理，克服了自己的执念。类似的绘本故事有很多，你可以依照孩子的兴趣去挑选来读，通过生动的绘本画面，孩子能够主动搜索和觉知到更为丰富细腻的社会线索，更能建构起自己对社会情感形象的理解，为自己后来的人际互动做好基础性的准备，学习到生活中难以体验到的情感法则，调和其世界观和价值观。

撤除委屈失落孩子的"脚手架"

如果孩子已经建立多元化的社会性解释能力，不仅能够共情他人，还能够设身处地从别人的视角考虑问题，不再用"最先和第一"这些单调狭隘的规则来判断感情的时候，你的"脚手架"就要及时撤除了。后续过多的分享和指导，容易让孩子过早进入成人的世界，你起到了"抛砖引玉"的作用即可，你的社会经验未必适用于孩子，孩子必然有自己的一套社交规则和逻辑，只要帮助孩子做好亘古不变的"真善美"感情基础就好。

委屈失落孩子的其他问题

这类孩子容易对自己和周围的人有过高的期望，达不到时会深感沮丧和委屈，容易陷入消沉的状态，形成顽固且偏激的负性思维逻辑，还很善于掩藏自己的真实情感。他们大多数情况下表现得亲和友好，但私下里又容易滋生抱怨和不满,导致过度压抑自己,甚至是出现寝食难安的情况。你一定要多关注孩子的情感,即使不给予建议,也要多多倾听,给足孩子安全感,这样的孩子在青春期和其他需要建立深度关系的时期,可能都会再度遭遇困扰,需要你的情感支持和引导。

三、紧张焦虑:惴惴不安的"慌孩子"

孩子本来很喜欢上跆拳道课,但自从教练在课堂上批评过一个男孩子以后,孩子越来越不想去了。其实,教练也没有很严厉,也就是对于顽皮的男孩子"假装"凶一点。可没想到真是"杀鸡给猴儿看"了,我们家孩子往心里去了。后来干脆不去学了,理由是自己记不住动作,怕教练说,教练一张嘴,就觉得要说自己。实际上,教练每次对小女孩都是很有耐心、很温柔的,但孩子依然因为紧张选择了退课。

1 典型画像:对特定情境感到强烈不安

这类孩子容易出现持续性的不安,哪怕对某些情境只是说一说,也会立即产生紧张的情绪,还会伴随着生理上的连锁反应,比如手腿发抖、心跳加速,甚至会出现头疼、肠胃不舒服等。有的孩子不喜欢参加某些活动，只要一到现场就会呕吐，离开这个情境马上就没事儿。如果吃饭的时候再次谈论起来，就会没有胃口，吃不下饭。有时还会有尿频和尿急的现象，有些孩子会因为过度的紧张焦虑出现情不自禁尿裤子的现象，整个人会僵住，也说不出话来。出现各种反应和表现之后，孩子的诉求通常都是采取回避，立即终止当前的活动。大部分孩子会在相关的情境里表现出恐惧和不安，也有些孩子会在头一天晚上睡觉时就开始担心，导致无法正常入睡，还会半夜哭醒。有些孩子初进幼儿园时会存在这种情况，也就是出现大家很熟悉的"分离焦虑"。但你需要了解，绝不是只有分离才会产生焦虑，而且焦虑也不是分离之后的唯一产物。

2 错误回应：轻视、否定孩子的感受

如果你常常对孩子的紧张焦虑表现出没有耐心、无视或者是轻视孩子的感受，如说："别这样了行吗？有什么大不了的，至于吗？""就分开一下，坚持一下，怎么就做不到呢？"孩子就会感受到深深的不被理解，加深焦虑感。

如果习惯于批评或者指责，对孩子紧张焦虑的

表现进行否定:"你怎么这么胆小啊?有什么好担心的?""你得再勇敢一点儿!是大孩子了,不能再哭哭啼啼的了!""你就不能再坚强一些吗?"这样回应孩子,会让孩子感受到更加沮丧和自责,在你的质疑中也开始质疑自己。

如果你还会利用施压的方式回应孩子,那无疑会增加孩子的心理负担,使焦虑的情绪更加严重。比如说:"你必须参加完这个训练!不能再说不想去了!""你不能总是一来幼儿园就哭哭闹闹的!""你要是再这样,我就不第一个来接你,或者干脆不来接你了!"

上述回应方式,均不能有效回应孩子的紧张焦虑,还极容易加重孩子的负面情绪,甚至对孩子的心理健康产生长期的负面影响。

3 支持性回应:勇敢地戒除回避行为

能够帮助到孩子的不是你的教育理念,更不是你的教育意识,而是你具体回应孩子的每一个细节。面对孩子的紧张焦虑,你在认知上懂得再多,都不如切实为孩子具体地做一些小小的事情,这需要你细心地陪伴来发现事情的转机。因为此时孩子需要的是被安抚、被关注和具体的支持。

第四章 情绪问题大

　　通常孩子们产生焦虑紧张的原因都聚焦在两个点上：一是不知道会发生什么，二是知道了也不清楚该怎么做。所以，你对孩子的回应要始终围绕这两个点进行，而不要偏离太远。如果面对的是小孩子，你还要学会如何进行有效的对话和回应。比如孩子说，"喜欢赵老师，不喜欢张老师，看到张老师就会紧张害怕"。你如果回应"不用怕，老师都很爱你"通常离孩子的感受太远，是无效的；如果你回应："两个老师有什么差异，你说得出来吗？"虽然已经贴近了孩子的感受和认知，但由于你的表达过于抽象，孩子可能还是什么都表达不出来。因为你习以为常的"差异"对于还不识字的孩子来说，太抽象了，或许他只能联想到"叉子"而已。孩子在紧张焦虑的时候只会回应你"我不知道"！你可以尝试这样回应："你喜欢赵老师什么？跟她一起做什么你最开心？张老师不做吗？"

　　面对孩子的紧张焦虑，你真的需要更多认知表达上的调整，才能真正帮助他学会如何面对，知道将要发生什么，以及可以怎么去做。

孩子紧张焦虑的现场，你该如何回应

　　现在带你进入一下真实的现场，来帮助你了解如何

支持性回应
搭建亲子互动的脚手架

和小孩子相处。比如一个新入园小朋友有分离焦虑,哭闹着要找妈妈,拒绝吃早餐和玩任何玩具,也不要老师去抱。我如果在现场,并不是作为妈妈,而是作为孩子并不熟悉的老师,我们之间还没有那么深厚的感情基础,可以怎么做呢?

我会坐在孩子身边,主动跟旁边的小朋友互动,而不是跟哭闹的孩子去接触,因为这时孩子的防御心是很重的。看着早餐有面片汤和蒸红薯,我会说:"你知道红薯也会滑滑梯吗?"因为以往经验让我知道,几乎所有小朋友来幼儿园都惦记和憧憬着可以自由地玩滑梯!当孩子好奇地看我时,我会掰下一块红薯,放在嘴里,嚼几下,用力慢慢咽下去,就像给孩子表扬魔术一样,还会让小朋友把手放在我的脖子处,感受我吞咽的动作!"看到了吗?是不是真的?红薯滑滑梯到我的肚子里去啦!"不出意外的话,哭闹的孩子会减少哭声,甚至极有可能会好奇得也要让玩"红薯滑滑梯"的游戏。红薯吃进去了,面片汤可以继续滑滑梯!要知道,孩子只有一张嘴,如果被食物占据上了,他们就没有精力再去哭闹了。

所以,现场回应孩子时,如果孩子身体紧张,并不排斥你,你就可以采用动作类"脚手架"回应孩子。比如，孩子摇头说害怕，你就双手捧着孩子的脸摩挲安抚；如果孩子不停地说着"不想不要"，你就可以口头解释，"你先做……后做……然后就结束了""你要是想去厕所，就跑到老师面前去说，拽老师的衣服，要不她看不见你！"这些具体的内容都更能帮助孩子勇于面对当前的情境，而不是轻易地逃避。

帮助孩子克服紧张焦虑，你后续该如何回应

正如前面所谈论到的，孩子不只是在现场会紧张焦虑，极有可能在脱离这些场合后也会有相应的反应，这种情绪普遍存在于孩子入园适应的阶段，下面我借用这个问题的回应向你具体的说明，可以如何回应孩子。

如果你一接到孩子，宝贝就哭着说："我想找妈妈，老师不让！把门锁了！我打不开！我不想上幼儿园！我讨厌老师！幼儿园的玩具一点儿都不好玩儿！"

听到这些内容，你一定不要尽力"纠正"孩子，急于给予孩子正向的引导，可以这样回应："老师锁门是怕你们走丢啊！"有时你的引导方向没有问题，但效果弱的原因就在于在于你太心急。推荐做法：先共情，再解释，最后再鼓励！先回应："老师怎么能这样呢！宝贝受委屈了！以后妈妈找老师去说说，不让锁门了！宝宝肯定想要找妈妈啊！"再回应："老师为什么要锁门

呢？跟你们说了吗？会不会是担心你们走丢啊？要是你们再找不到老师，会不会害怕伤心啊？"最后回应："不过你可真棒！都能发现老师锁门了！老师干什么你都能看见！那些玩具你也都玩过了？还做了对比呢，真没想到还没咱们家的好玩！下次跟老师问问，能不能把咱们家的玩具带去幼儿园去玩儿。"

睡觉前，宝贝突然哭起来："我不想去幼儿园！能不去吗？妈妈跟老师说不去好吗？我不想睡觉！睡醒就要去幼儿园！妈妈答应我好吗？不去不去！"

这时你可能会很纠结，答应吧，会觉得自己在欺骗孩子，不答应吧，孩子就会持续哭闹，不睡觉。推荐做法："好的！好的！我们知道你不想去，咱们不想这个了，先好好睡觉，睡醒了再商量好吧？"重复多次之后，如果孩子执意要父母答应自己不去幼儿园，那就先答应"好的！不去了！咱们睡觉啊！"到了第二天，照常送。孩子会觉得被骗了，但家长不必过于内疚，因为这不是"恶意的欺骗"，而是"善意的谎言"。后续回应孩子时，你的共情、解释、鼓励，这些都是有利的关键点，而质疑、心疼、焦虑，这些都只会徒增孩子的烦恼。过程中，不用刻板地坚持顺序，一定要多看孩子，多观察孩子，顺势而为。

除了上述提及的语言沟通,大家还是要多使用"肢体语言",**拥抱**总是父母超级有效的安抚方式。拥抱够了,也完全可以什么都不说,上面的话语一句都不用也会有效。

撤除焦虑紧张孩子的"脚手架"

当孩子逐渐适应当前的活动后,可以把之前鼓励安抚的"脚手架"撤除,转而使用崭新的"脚手架"来帮助孩子实现各方面的进步,因为孩子一旦在新的环境中找寻到新的乐趣和价值感,紧张焦虑自然而然能够自行消散。

焦虑紧张孩子的其他问题

很多孩子应对紧张焦虑的能力和技巧并不会自动迁移到新的环境和事情上去,他们会照旧出现焦虑和紧张情绪,重复之前的退缩与回避,这时你最好采用孩子自身的成功经验来鼓励他们,让他们向之前的自己学习,从以前的自己身上获取应对的力量。

四、恐惧害怕:怕黑的男孩

儿子比一般小孩儿都聪明,反应特别快,说什么都能懂,也特别喜欢阅读,读过好多书。但有一点很让人费解,他特别怕黑。有次小区意外抢修,家里突然断电了,他吓得哇哇叫,比他小三岁的妹妹还觉得好玩儿呢!他也从来不敢走夜路,总是疑神疑鬼的。实际上,这些内容他都在绘本里了解过,说的时候什么都懂,就是很怕,怕到浑身哆嗦。

1 典型画像:面对特定事物或场合非常紧张害怕

这类孩子面对某些特定的事物、情境或者场合时产生强烈的、持久的恐惧和紧张感,即使其实并没有什么真正的危险,孩子也无法控制自己的害怕情绪。感到恐惧害怕时,孩子会有非常明显的生理反应,不受意识控制的自主神经功能出现紊乱,如呼吸急促、出汗、心跳加速、脸色苍白或发红、胸闷、心慌、身体僵硬甚至颤抖。在恐惧害怕时极有可能出现身体僵硬、四肢无力的现象,导致孩子无法动弹,难以自我调节。这时孩子表现出不太相信任何人,即使是父母也很难起到安抚的作用,孩子会愿意依靠物质环境中的客体,比如只想蜷缩在一个角落里,被物体紧紧包围,一定要跟实际的地面、床面等接触,才能安心,此时你的拥抱和话语很难提供帮助。

2 错误回应：否定、轻视或嘲笑

面对孩子的恐惧害怕，无论从你的角度来看有多么微不足道和难以理解，你都不要轻易简单地否定。如面对各方面都很优秀的儿子，身边又有小妹妹作对比时，儿子的恐惧害怕容易让父母难以理解，但即便如此你也要先帮助他进行缓解和应对，熬过这个难受的过程，其他暂且放下。

如果你回应"没什么好怕的！""怕黑干什么！""你就放松，根本不用怕！"这会让孩子感觉到自己的真实感受被忽视、不被重视和理解，自己实在难以承受时向你们发出了求救信号，但是你们轻描淡写就回应了，孩子就会更加封闭自己，不愿意分享自己的恐惧。这就好像你只身一人流落在孤岛上，惶恐中发现了空中飞来的直升机，于是摆出"S"求救信号，结果飞机却盘旋一下就离开了。想想你的感受会是什么？心理学上称之为"习得性无助"，即每次发起努力后，发现结果总是无用的，最后都会习惯性放弃努力，即使再有机会也会盲目丢掉，因为已经不抱希望，彻底放弃了。

如果你再有些许的嘲笑和轻视，就会严重伤害到孩子的自尊心，让孩子感觉到孤独和无助。如回应孩子："小妹妹都不怕，你是大哥哥竟然怕成这样？"或者是

> **支持性回应**
> 搭建亲子互动的脚手架

实在觉得孩子的样子很可爱，忍不住蹲在地上笑个不停，还极容易让孩子恼羞成怒，对你发出呵斥，一旦获得了一点儿力量，就会跑出家门，逃离这个当下让他深感窒息的环境。

3 支持性回应：陪孩子体验暗适应

现场回应时，最好的方式便是亲自陪伴。在孩子不抗拒的情况下，为他提供心理支持。比如有些孩子有就医恐惧，害怕打针和看牙，这时你最好亲自陪孩子一起，提供动作类"脚手架"，帮助孩子放松一下，用**聊天**转移注意力，具体实施时抱着孩子，帮助大夫按住孩子的胳膊等。

我接待过的一位家长曾经反馈，她自己是个非常勇敢的人，但是很害怕打针，每次都让妈妈陪她去，不让爸爸去，父母那时也不懂得倾听孩子，当时她就只是"任性"地坚持让妈妈去。过了好几年，她才能清楚地说出原因，原来妈妈每次都会让她趴在自己的腿上，大夫的针头扎入屁股时妈妈会一边摸着她的头发，一边说："叔叔打得可轻了！马上就好了！"听着妈妈的话，闻着妈妈衣角上熟悉的香味，她就觉得打针更容易忍受一些。可是爸爸呢？他更喜欢跟大夫聊天，然后让她自己趴在医务室雪白的床单上，大夫一针落下，她只能自己紧紧地抓住平整的床单，把头埋在里面，而那里全是刺鼻的消毒水味道，时间好像过了一个世纪一样。

由此看出，讲道理这些回应都不适合现场支持，只是未来可以尝试的内容。在孩子恐惧害怕的当下，只需陪伴和撤除刺激对象，如打开手机照亮等。

孩子恐惧害怕的现场，你该如何回应

怕黑的孩子，握着手就可以，与其说一些比较边缘的话题，如"不怕，就一会儿！""想想书上怎么说的？"不如直接带着孩子面对当下："你猜？咱们的眼睛什么时候能够适应黑暗？没有灯了也能慢慢看清楚？"人眼从光亮处进入黑暗环境后，视力逐渐提高，视网膜敏感度逐渐增加的过程，被称为"暗适应"。暗适应过程中，我们的视觉系统会自主做出一系列的调节，比如瞳孔直径扩大，逐渐使得人眼能够适应低光强度环境。了解这些以后，你就知晓陪伴为什么最有效果，因为只要挨过这段时间，这种恐惧自然会消除，恐高的人登上高台也是如此，只要这个刺激消失了，他们的恐惧害怕很快就会消除。

所以，现场支持时，只要你不"画蛇添足"即可。有次带孩子到校医院打疫苗，我听到一位妈妈这样回应

孩子："准备好了吗？小蚊子要飞进来了？让它吸一下！哇！小蚊子飞走啦！"还有一位妈妈对于即将做疝气手术的儿子承诺："你一眨眼睛就能看到妈妈！大夫在你睡着时给你施展魔法，然后你的肚子就再也不疼了！"这些富有童趣的回应，都能在很大程度上帮助到承受恐惧害怕的孩子们。

帮助恐惧害怕的孩子，你后续该如何回应

首先，作为家长你需要非常清楚地了解孩子恐惧害怕的内容，不要一无所知或者模棱两可。我见过很多"糊涂和粗糙"的家长：对孩子的年龄都含糊不清；有的家长在签到写孩子的名字时，三个字里竟然只有姓氏是对的；送孩子上小学，竟然会送到隔壁的幼儿园去；两个孩子一个对花生过敏，一个对核桃过敏，家长竟然全然不知，给孩子买错零食，引发孩子身体不适和恐惧。了解孩子的恐惧害怕，几乎没有捷径，需要在陪伴中逐渐发现和了解。另外，你可以多相信孩子，有些孩子先天就抗拒某类食物，这也是自身发出的潜在信号提示孩子，这些食物对他们来说，可能就是危险的。比如有的孩子怕水，就是无法下水游泳，在孩子没有准备好时，那就真的不要过度强迫。我记得小学时我们班的班长，一个男生，因为害怕打疫苗，竟然一个月都没来

上学，就是为了躲避这个他严重害怕的事情。把孩子恐惧害怕的内容在心里详细记住，托付别人带孩子时，也要详细交代清楚，这样才能为孩子营造安全的成长环境。

其次，工具类"脚手架"显得尤为重要。针对孩子恐惧害怕的内容，你要帮助孩子做好充足的准备，大部分没有危险的内容，孩子会逐渐适应，但不用强迫他们。孩子怕黑，你可以各处都准备一些充电式应急灯，如果孩子要走夜路，口袋里也给他准备一个，有了这些随时可以启动的照明装备，孩子会安心很多，不太会感到恐惧；孩子怕水，你就给他穿上游泳背心，而不是救生圈，这样释放孩子的双手，视野开阔，孩子同样能够享受到游泳的乐趣；孩子怕高，就不要逼迫他去玩儿那些会让他恐高的游乐项目，毕竟可玩的项目还有很多。

我见过一个特别有智慧的妈妈，她的儿子特别害怕走一条路，原来那条路上有一个广告牌，牌子上有个大鲨鱼，别人都觉得无所谓，可是她儿子却因为这个每次都要绕远走路。于是妈妈事先做了小准备，要给儿子一个惊喜。儿子勉强跟着妈妈走时，妈妈用手指着广告牌子，说你看："那是妈妈为你设计的牌子，贴上了你最喜欢的小贴画！"原来妈妈在广告牌下不起眼的地方，贴上了小小的一枚贴画，儿子笑得灿烂极了，一下子抱住了妈妈！

当我们把实际上不存在什么危险但会让孩子产生恐惧害怕的内容，跟孩子喜欢的内容绑定在一起时，也能有效地帮助孩子去除恐惧。具体到怕黑这件事情，可以尝试玩一些光影游戏，让孩子打破对黑暗的畏惧。也可以采用阅读绘本等认知方法促进问题解决。与暗适应相对的还有"明适应"，即人眼从暗处初来到亮光处，视觉系统逐渐适应强光刺激以降低感受性的过程。我们半夜去卫生间，突然开灯就是这个过程。这两个过程不同，但也有很大的相关性，都从眼睛调节到心理适应，从"暗到明"的认知理解也可以帮助孩子适应从"明到暗"。

撤除恐惧害怕孩子的"脚手架"

当孩子懂得自我选择，或者能够应对曾经恐惧害怕的事物时，你就可以撤除不必要的"脚手架"了。比如孩子不再怕黑，口袋里就不需要再装着小手电筒，无须进行过度保护。自然而然，由孩子自己主观判断即可。

恐惧害怕孩子的其他问题

因为曾经有过"恐惧害怕"这样的心理体验，虽然后来对当时害怕的内容不再有不舒服的感受，但这种难受的感觉可能会转移到新的事情上，从情绪体验上来说是同样具有难以应对性。你需要同样重视和关注，防止孩子出现"恐惧失调"，引发更为严重的心理疾病和障碍。

Chapter Five

第五章　表达能力差

一、嘴笨，有话说不出：呆若木鸡的"憨娃"

　　孩子跟小朋友在一起时，很容易被忽视和欺负，主要是因为他的嘴笨，表达总是跟不上。别人"嘲笑"或者是开玩笑逗他，他除了生闷气啥也说不出来，一点儿斗嘴的能力都没有。比如他的两个好朋友，小明说："小华，你今天的衣服真难看，像个大花猫！"小华立马反驳道："你的鞋子才难看呢，就像两只大黑船！"小明转头对我家孩子说："你的脑袋像个大西瓜，我一口就能吃进去！"我家孩子"啊？"了一声，瞪着眼说不出话。旁边的小华不甘示弱："你的发型才乱呢，像个大

第五章 表达能力差

鸟窝！"人家两个孩子这样你来我往，互相找对方的缺点进行攻击，乐此不疲地"辩论"。我家孩子一直"呆"在那里，不知所措，生怕"攻击球"抛向他，因为他根本接不住。

1 典型画像：口头表达差，不喜欢表达

这类孩子显著的表现就是孩子口头语言回应能力比较弱，沟通交流中常处于被动的位置，互动时可能会显得比较笨拙，还可能会因为无法做出适宜的回应、清晰的表达而陷入尴尬、紧张的境地。面对同伴间灵活的互动，孩子容易表现得木讷、呆板，不能像案例中的小明和小华那样，你来我往地自如沟通，享受不到这种同伴游戏的快乐。语言回应不出来时，孩子通常会有不舒服的感受，但是他们却常常什么都不表达，默不作声，只是尴尬地应付，也不会把自己的情感表达出来，大脑和心理是荒芜的，思绪也常常是飘动的，没有任何着落点。

2 错误回应：贴标签或者包办代替

如果你早已接纳了孩子这样的状态，还为孩子贴上了"嘴笨"的标签，如常有这样的回应："你就是个嘴

> 支持性回应
> 搭建亲子互动的脚手架

笨的孩子，怎么都改不了了！""将来可怎么办呀？你这嘴笨的毛病早晚让你吃亏啊！""好好想想怎么带着自己的笨嘴生活一辈子吧！"从你的回应当中，孩子便会更加确信，自己"嘴笨"已经是更改不了的事实，他也会接受这个标签，对自己做出永久的评价，进而放弃一切努力，安于这样的状态。

如果你还是存有不甘心，但又为孩子的状态干着急，总想着尽快帮助孩子解决这个问题，只要孩子表现不佳时，便替他说话，过度纠正孩子："不对！你应该这样说！""你那么说肯定不行啊！按照我说的，一字一句地背下来！"这种回应给孩子带来的帮助多是转瞬即逝的，在更长的日子里孩子会感到越来越多的挫败感，对说话这件事情没有胜任感，认为只要自己一张口，就可能出现错误，招来你的批评和纠正。

为孩子贴标签和包办代替教孩子说话，都是不适宜的方式，很难真正支持孩子的成长，还会在这个过程中引发新的成长困扰。

3 支持性回应：提速语言组织进程

既然孩子在语言上回应不上来，嘴里表达不出来，你就只需紧紧围绕这一点帮助孩子即可，不需要进行过于复杂和遥远的推测来为孩子施压。如毫无根据就认定孩子永远会"嘴笨"、一直会受到这种困扰，都不是基于支持孩子发展的思维方式，而是在发泄你自己的不满、担忧和埋怨，甚至可以说是你正在用犀利的言语"诅咒"孩子的未来发展。

对于孩子的"嘴笨"，你可以首先尝试让孩子用"仿说和照搬"的方式进行练习，而不是过早就进行高难度的创造，待积累一定经验后，孩子敢于张嘴表达内心情感时，再进行个性化地表达和强化学习。

孩子嘴笨，有话说不出的现场，你该如何回应

如果你在现场，可以启发孩子，引导孩子用"模仿"的思路，提速语言组织的进程，先尝试把程序化内容替孩子说出来，鼓励孩子用自己的话语补充关键内容，"你今天的衣服真好看，就像……""你的鞋子很好看，就像……"作为成人，建议你"调整"一下孩子们的表达，用"好看"的视角，而不是"难看"的视角。嘴笨的孩子通常都很善良，不善于用言语攻击别人，但他们也通常可以被激发出发现美好的眼睛。无论孩子回答是否贴切，你都暂时不要纠正孩子，只要他能够跟上小伙伴的速度进行回应即可。如果孩子还是没能回应出来，你可以用游戏参与者的身份回应一下："我知道！

我来说!""小明的衣服真好看,就像一只小豹子!"

游戏结束后,如果孩子愿意,你可以立即"复盘一下",借用编故事的方式把刚才的内容再和孩子复习一下:"真难看,像……""真好看,像……"你们可以从头说到脚,找到所有可以叫出名字的部位去描述,这样孩子不会在心里反感和畏惧这种游戏,还容易对这类游戏上瘾和有期待,希望下次玩儿时能够有更好的表现,就像刚学会骑车的孩子,想要再上车去练习一样。

帮助孩子克服嘴笨,有话说不出,你后续该如何回应

孩子年龄越大,你越容易"研发"出更多更丰富的办法,因为随着孩子认知能力的增强,对于相似、分类、比喻、关系等内容理解的加深,同时随着参与各类活动,生活经验的不断丰富,他们内心能够有更多的内容用来输出,此时你需要把更多精力投放在帮助他们打开输出口,即学会组织语言上,然后再提速组织语言的进程。

首先你要多营造随机应变进行回应的语言环境,这种练习和辅助最好的方式是利用跟孩子在一起的碎片化时间,这样做也容易让孩子的应变成为一种自动化,不需要再刻意而为。跟孩子在一起时,把那些"教导"和

"告知"孩子的时间用来"聊天""追问"和"打比方"。"你看前面的汽车眼睛像什么?""天上的云好白呀,我觉得跟纱巾似的,你觉得呢?""你看我走路的姿势像什么?""看看桌子上的那块纸巾,你能想到什么?"通过类似的互动,你可以逐渐帮助孩子强化语言组织的能力,将各种感官通道捕捉到的信息,特别是看到和听到的内容,进行习惯性的语言描述和表达,孩子的"嘴笨"现象会逐渐消除,越来越善于表达大脑无意间获取到的信息。

其次,你需要传授给孩子一些有效的沟通技巧。如果孩子一时回应不上来,最好的方式就是顺着别人的思路去说,给自己再去思考的机会和时间。只要保持说话互动,孩子的情感就能够得到更好的放松。不知怎么回应,可以就重复"你的衣服真丑,像只小花猫!"遇到同伴的挑衅"你爸爸……所以你爸爸……"可以传授给孩子重复或者顺着说的技巧,比如:"对呀!你说得真对!我爸爸就是这样的!你还真是了解啊!"平常练习这些万能的句式,对孩子来说也会有很大的帮助,有时说着说着孩子自己就能找到新的词汇进行替换,最让孩子难受的就是他张不开嘴。

除此以外,你还要关注孩子的情感需求。因为这个

支持性回应
搭建亲子互动的脚手架

问题对孩子来说,不仅仅是语言表达的问题,还会涉及很多情感表达和交流的问题,关系到孩子的自信心和沟通力。你在日常要多帮助孩子化解尴尬和不适,让这种不舒服的感受持续时间越短越好,让孩子懂得用耸肩、大笑和转身等动作来代替语言回应,有时也是必要和有效的方法。

撤除"嘴笨,有话说不出"孩子的"脚手架"

一个初期展现"嘴笨"的孩子,你不要奢望在你的引导和帮助下,短期就能够"口若悬河""对答如流""铁嘴钢牙",你要提防自己的"野心",知道自己是在帮助孩子克服发展中的一些小问题,而不是用尽全身力气"扭转乾坤",把孩子的"弱项"奇迹般转化为"强项",虽然这也有可能,但是一切都要由孩子后续主动发展而来,而你的"脚手架"需要及时撤除,不影响孩子的普通沟通和社会交往即可。

"嘴笨,有话说不出"孩子的其他问题

这类孩子在情感表达上很容易受到限制,他们难以用语言或者其他方式来表达自己的喜怒哀乐,导致与他人情感交流不顺畅。他们也很容易担心自己的言辞被误解或者嘲笑,不愿开口表达,选择沉默或者逃避,易受

到沟通障碍的困扰。

二、词穷、言语很匮乏:"有进没出"的孩子

我们让孩子从小坚持进行绘本阅读,想着这样孩子就能在不知不觉中增加词汇量,毕竟我们常说"熟读唐诗三百首,不会作诗也会吟"。但几年下来,孩子在语言表达上并没有什么优势,有时还不如没怎么阅读的孩子呢!孩子阅读的时候,接触过很多词汇,可是他却很少用。那一次跟其他小朋友一起去公园玩,孩子们在小土坡上捡到好多落叶,我问他在哪里找到的,宝贝一直在说"就是、就是、然后、然后",根本不会使用任何新的连词。他手里攥着叶子,也只会说"好看!漂亮!"别的小朋友会说"五颜六色、形状各异",这些词汇孩子在绘本里读过很多很多次,可他就是不会用。

1 典型画像:语言表达中的词汇单调,句子简单

这类孩子习惯于使用简单的词汇或者短语进行表达,很少使用高级词汇或者是复杂的语句表达,表达时句子通常单调,而且比较混乱,有时需要大人去猜测孩子想要表达的准确意思。孩子虽然喜欢翻阅绘本,但特

别喜欢让你去给他们讲述,很少自己独立阅读,无法通过独立阅读感受到读书的快乐。阅读过的内容很少迁移到生活中去使用,图书里的内容与实际生活常处于割裂状态,没有建立相应的联结,孩子也很少主动提及阅读过的内容,你主动聊起时,孩子总是支支吾吾,什么也表达不出来,更多只是蹦出一两个相关词语。

2 错误回应:要求孩子多阅读

为提升词汇的丰富性,你可能会首先关注孩子的阅读。但却难免存有一些误解:认为只要将适合孩子的绘本买回家,提供给孩子,"监督"或"陪伴"孩子坚持阅读,孩子就能收获很多益处,在不知不觉中增加词汇量,毕竟"熟读唐诗三百首,不会作诗也会吟"。

首先,这种凭借孩子自主性和敏感性的学习方式,对某些孩子来说效果会非常缓慢。比如孩子在绘本中读到:"一边……一边……""因为……所以……"但是在实际表达中还是不会使用,仍然用之前的"就是、就是、然后、然后"或者根本没有用任何连词。孩子听到了"五颜六色、乱七八糟、气喘吁吁、小心翼翼",但也难以纳入自己的表达词库里面。可见,你的这种回应并没有很好地促进孩子对语言的学习应用,如此使用绘本"脚手架"并没有达到预期效果。

其次，想想你为什么选择绘本？又是怎样陪伴的？绘本，有图画有文字，相对而言，文字更有引领性，但也有局限性，图画比文字包含更多的信息，想象空间更大，留白更多。拿到一个绘本，如果你急于给孩子念读上面的文字，没有先让孩子讲一讲画面上有什么，听听他会说什么，这样的"陪读"效果就会大打折扣，无形之中还会限制孩子的思考力和想象力。孩子丧失了获取自己对图画的第一手感知、理解、想象和联结。一旦脱离了你，没有你"给他读"，孩子就会觉得自己不认识字，顺理成章判定自己无法独立读书。这说明你并没有帮助孩子建立绘本阅读的正确打开方式。

3 支持性回应：练习语言的内化和顺应

孩子词汇匮乏，很多时候需要你改善与孩子的日常沟通和交流方式，每日的互动中如果能够给孩子提供新词汇和新表达，孩子的进步会大得惊人。

当你的状态暂时难以改变时，仍然可以借助**绘本**这一良好的工具。但在使用这个"脚手架"前，你要仔细分析一下自己的孩子，看他在理解他人话语和意图方面是否存有困难，是不是总需要更多的时间和解释才能明白对方的意思。如果实在分析不出来，你还是可以回到绘本上来，看看孩子在你讲完后，能不能进行有效分享和讨论。如果还是只能"鹦鹉学舌"般简单复刻，无法表达自己的理解和想法，意味着孩子确实在理解上还需要你的帮助。在实际生活中也是这样的，很多孩子曾经读过、接触过的词汇，如果没有经过刻意的强化、理解和使用，也很难在孩子的语言表达中得以体现。

绘本是孩子语言发展领域内的重要内容，同时也是路径。从语言发展本身来说，通过绘本阅读，孩子能够在感知优美的语言表达基础上，实现对比、模仿、借鉴和使用的练习。孩子喜欢阅读绘本，往往是天性和兴趣使然，但想要通过阅读增加孩子的词汇量，并不是一件水到渠成的事情，需要你刻意而为之。

总的来说，如果你只是做到了形式上支持孩子的发展，没有带动孩子进行自动化的练习，就很难改善孩子词穷、言语匮乏的问题。

孩子"词穷，言语很匮乏"的现场，你该如何回应

从书本到现实应用，对孩子来说难度非常大，可能会完全超出你的想象。这时你不用刻意将绘本词汇对应到现实生活中，可以更加用心地引导孩子用更加精准和丰富的语言表达自己的内在感受和想法。

比如在上述案例的现场,看到孩子手里攥着落叶,你可以首先让孩子找出他最喜欢的一片叶子,询问孩子为什么最喜欢那片叶子。这一步对于孩子来说,最重要的在于把内心的想法和关注点进行聚焦性表达,更有助于他们用多个语句表达一个很微小的内容,是撬动孩子表达的一个入口。当孩子只回应:"它大!黄色多漂亮呀!"你可以拉着孩子的小手跟叶子比比大小,把叶子拿起来透过阳光看一看,慢慢地进行示范性表达:"真的好大呀!就像一个超大的手!""黄色真漂亮!我想到了金灿灿这个词,你想到了什么?"在保持孩子表达关注点的基础之上,进行延展,这样往往更能激发孩子的表达欲,也能让孩子了解到原来语言表达是这样延展而出的。

如果之前在书中读到关于颜色的表达,可以帮孩子持续拓展:"这叶子真好看,以后会不会变得焦黄?它以前会是碧绿的吗?"具体到孩子表达叙述性的内容,可以帮助他分解画面:谁最先发现这些叶子的?是你提议要把叶子捡回来的吗?通过明确到具体的人物,能够帮助孩子找到描述的关键节点,帮他逐渐克服叙事的混乱和对单一连词的重复性使用。总之,你不要把太多精力用在买书和选书上,而是真正关注孩子的兴趣点,用好手边的书，与孩子的生活融为一体。

帮助"词穷，言语很匮乏"的孩子，你后续该如何回应

文字较少的绘本，是你帮助孩子增加词汇量最好的材料。如果你在孩子小时候买过很多绘本，文字很少，基本都是图片，先不要丢弃！这些仍然是孩子长大后可以继续使用的工具，这些"文字少的图画书"是孩子后期巩固词汇的绝佳素材。

通过一个小例子，跟你分享一下具体如何做。我亲眼见到小茹妈妈这样讲述《小蓝和小黄》："这是小蓝。小蓝的家里，还有蓝爸爸和蓝妈妈……"这本书本身文字并不多，妈妈很有耐心地阅读每一页的文字，而孩子也特别乖巧，听得津津有味。妈妈读得很认真，没有进行任何发挥。但在这里，我想告诉你：绘本阅读其实有很多方式，小茹妈妈这样阅读文字只是其中非常简单的一种，虽然很多父母都这样做，但这并不是阅读绘本的最佳方式，如果你也是这样阅读，就把绘本给浪费了，孩子掌握的词汇也非常有限。

在《小蓝和小黄》这册绘本中，孩子如果看图会有很多丰富联想，赋予这块蓝色很多意义。比如这是一块块蓝色的橡皮泥,这是一块蓝色的颜料,很少是"小蓝"这种成人化的命名。因为孩子的认知多处于很具体的状态。增加词汇量,除了要吸收,还要多输出,这样才能真正提升。

我听过一个孩子这样讲述这本书:"小蓝东倒西歪的,它太生气了!决定离家出走,可是没有找到自己的行李箱。怎么办呢?它灵机一动,想到了妈妈的大箱子,它三下五除二打开门,像条鱼一样溜进妈妈的房间,到处乱翻,终于找到行李箱,它开心极啦,喝了好多蜂蜜,身体就变成了现在的黄色,变成了好朋友的样子!"

如果想要刻意提升孩子的词汇量,就需要做到很多的"用心"和"放手"!不是读的绘本越多,词汇量就越多,要懂得物尽其用,充分开发绘本的阅读方式,让那些词汇真真正正跑进孩子的大脑里去,不断进行内化和顺应,孩子从嘴里说出来某个词汇,才能说掌握了它。不妨让你的宝贝也试试?看看他能说出怎样的话语?

撤除"词穷,言语很匮乏"孩子的"脚手架"

只有一条:如果孩子能够独立阅读,就放弃你的文字阅读。可以经常让孩子给你讲故事,让他根据自己的想法去表达，每当孩子出现新词汇时，都要及时鼓励和点评一下，让孩子感受到新词语学习和使用的重要性。当孩子习惯于表达后，便可更多结合日常情境进行练习，这有助于孩子使用新词汇表达生活实际，让丰富的语言不再局限于书本上。

"词穷，言语很匮乏"孩子的其他问题

这类孩子通常会有理解不足的现象，特别是在社会交往中的人际理解上，务必引导孩子不能只是停留在书本和非真实世界里的学习上，多进行线下交流，对于大孩子，引导他不要过多使用网络上的简洁语言和表情包，忽视了对更丰富词汇的选用。

三、逻辑差、表达混乱：说话总"断片儿"的孩子

同龄小朋友都能说会道的，可是我家孩子说话总是语无伦次的。都说女孩子语言发育早，可身边的男孩子好像都比我家闺女还会说。说一件事情的时候，孩子都是一会儿说这个一会儿说那个，我们得费好大劲才能听明白。比如上幼儿园，孩子一个劲儿催我们"快走！"问她为什么，就说"就玩儿不了了"。遇到同班

的小朋友，人家一说我们才明白，原来如果迟到了，就没有时间玩自己喜欢的区域活动了，也不能去小菜园看正在长大的茄子了！我听到有孩子跟家长说："因为是好朋友送的，我很珍惜这个小瓶子，所以小心翼翼地打开，生怕弄到地上，碎了。"这种内容我家孩子肯定不会说。

1 典型画像：表达没条理，逻辑混乱

孩子喜欢阅读绘本，也读了很多本，无论是词汇还是知识量，都已经储备了很多，但就是如鲠在喉，堵在那里，根本无法输出。即使表达了，也是思维跳跃，无法按照线性的方式来叙述事情，缺乏条理性，表达混乱，总是抓不住重点。语言的组织和内容的安排会颠三倒四，省略关键内容，让人难以理解孩子表达的真正意图。无论孩子是否喜欢表达，他们的表达往往难以受到同伴的欢迎，主要原因在于他们说不清事情。

2 错误回应：喜欢打断纠正，没有耐心

发现孩子说得很混乱时，如果你总是沉不住气，等不及孩子的自我调整和重新组织，强行打断孩子或者纠正他，就会降低孩子的表达欲望，影响他的自信心。如

回应孩子:"你怎么连这个都说不清楚?你别说了!还是我帮你说吧!"

如果你对孩子的表达缺乏耐心,总是催促"快说啊!还没想好怎么说呢?"很容易让孩子产生退缩,孩子组织语言的过程会被打断,在你催促的压力下很容易选择放弃,干脆不说了,你的回应让孩子难有继续说下去的勇气。

如果你给些负面评价:"真是笨啊!这点儿事都说不清楚!""不是都教过你了吗?怎么还没学会?"这些话语都会让孩子感到伤心,也会伤到他们的自尊心,况且很多时候,你可能正在使用成人的表达标准来要求一个几岁的小孩子。

3 支持性回应:充当孩子的提词器

想要学好任何一门语言,都离不开反复磨耳朵的过程,总有那么一天,耳朵累积充足了,嘴巴才能豁然开朗,以往没有意义的声音成了有意义的话语。语言表达也不例外,接受性言语和口头表达,都至关重要。孩子听得多了,才会能说会道。但是,你可能忽略了一件事情:从阅读到语言表达,需要一个学习和转化的过程。

语言表达非常需要讲究构思,很多孩子的内心想法都是灵光一现，十分零散，单独冒出一个词语或者说出一两句话，可能都很闪亮，但却难以组合成一段较长的表述。很多孩子到了幼儿园大班，说话还不能成段，不会创编故事。词汇就像是好多散落的珠宝一样，想要成为一个令人惊艳的饰品，还需要琢磨和设计。

孩子语言表达不够好的主要的问题就在于思考不够，内在想法没有围绕一条主线进行、逐步推进，致使在语言输出的时候不能清晰有条理。此时，不能只提要求和标准，因为孩子一下子达不到，你需要为孩子提供各种形式的"提词器"，而且你本身就是一个很好的提示助手。

孩子"逻辑差，表达混乱"的现场，你该如何回应

语言是个媒介，帮助我们进行记录、表达、传播和交流。孩子一旦注意在生活中进行积累，再坚持阅读，表达能力稍微受到点拨便会被激发出来。回到孩子上幼儿园路上的现场，听到孩子只是简单说一句："快走！"此时你务必调整出一个积极帮助的心态，绝不要在心里评判孩子语言表达逻辑差，或者是急于猜测孩子的表达内容，因为这样很容易让孩子产生表达的挫败感，也会让孩子失去练习的契机。

此时，你要习惯性地调整出一个好奇的态度，"我

们都在快走呢,你快走准备去干吗呀?"如果孩子回应:"快走去玩玩具!"你可以趁机把孩子的话语采用"滚雪球"的方式黏连起来,"因为想去玩玩具,所以你催促我们快走呀?""要是不快走会怎么样呢?"孩子如果回应:"玩儿不了了!"此时,你可以把孩子的话按照正确的逻辑再说一遍:"如果我们不快走,就会玩儿不成了!所以我们要更快一些呀!你这样说一遍,我们就能更快了!来,试着说一遍!"像这样时时帮助孩子梳理表达的逻辑。

如果孩子只顾着去行动,那么你就要想办法帮他建立先进行表达再去行动的次序,通过你的语言示范为孩子启动很多微小的"暂停键",启动后让孩子的身体动作慢下来,让孩子的焦虑情绪放松下来,为语言表达准备出更多的精力,然后你趁机示范和鼓励孩子大胆练习,通过积累这样的体验,孩子才会拥有清晰表达的成就感。此外,越是遇到孩子表达混乱的现场,你越要拥有足够的好奇心和淡定的心态,孩子越慌张,你越沉着,将你的语言逻辑呈现给孩子,供他参考和模仿。

帮助"逻辑差、表达混乱"的孩子,你后续该如何回应

想要提高孩子的语言表达能力,绘本只是一个工具，一条路径，其根本还在于孩子的内心体验和想法，这些都离不开丰富而细腻的生活。一个生活匮乏的孩子，即使阅读再多的书籍，他讲出来的东西也是空洞的，最多是照本宣科进行复制，只有真实的内容才能打动人心。

　　首先，和孩子的互动中多强调事物之间的彼此联系，理清事物发生发展的过程。这一点对孩子大有益处。比如早上上学我们为什么要比平常快一些走呢？即使很累、流汗也要坚持，因为这样我们上幼儿园就不会迟到，如果迟到了，就没有时间玩自己喜欢的区域活动，就不能去小菜园看正在长大的茄子了！平常带孩子阅读绘本，在孩子熟悉内容的基础上，要学习那些优美、经典的词汇，有意识地在恰当的生活情境里使用。

　　其次，引导孩子整合各种感官的体验，多角度进行表达。孩子语言表达显得匮乏，大部分局限在使用视觉和听觉两个通道，比如自己看见了什么，谁说了什么话等。一番好的语言表达应该感触觉饱满，孩子年龄小，处于具体思维阶段，抽象思维较弱，所以更要多引导孩子去抓住自己的各个感官通道的体验，嗅到什么气味、摸到有什么感觉、尝到什么味道等。以后孩子年龄大了，才能够进行抽象的思辨和论述。这些可以从描写人物心理活动的绘本故事中得到范本进行模仿练习。比如一个绘本故事里讲到，一位小姑娘很想念自己的妈妈，在接到妈妈电话的那一刻，感觉身上好像披上了一条温暖的毯子！这是典型的心理感觉和生理感觉交互出现的表达。越是年龄小的孩子，越有在这些方面积累感受的先决条件，父母要注意收集和引导。

有时孩子身体不舒服，也会体验到很多细腻的感觉，比如有时吃得不对了，肚子里难受，孩子也会这样表达："我觉得肚子里像有个小石头一样的东西，硬硬的。""我觉得肚子里有一条小树枝，总是扎着我！"这些都是孩子对身体的描述和表达，虽然不精准，没有医学词汇（譬如痉挛），但是用了很多生动形象的句子，也很符合孩子的年龄特点。这时你的倾听显得特别重要。

最后，可以在家里准备一块白板，用图画的形式为孩子呈现信息，然后让孩子猜测意思、表达内容，还可以让孩子对你画的内容进行排序，有些类似于小学时进行的故事内容排序，只是对越小的孩子，排的内容要越简单和明显，排完要跟孩子讨论，为什么不能先说这个？为什么要后说那个？增强孩子表达的顺序意识。

撤除"逻辑差、表达混乱"孩子的"脚手架"

如果你发现孩子已经具备表达的条理性,只是第一遍难以做到,或者要花费很长时间才能做到,那么你的"脚手架"就要去除了。孩子熟练后才能巧用,这是一个需要你耐心等待的过程,而不需要你仍在那里干涉。

"逻辑差、表达混乱"孩子的其他问题

这类孩子个体差异会很大,发展或者获得某项能力的时间长短也会有很大的不同。你稍微表现出缺乏耐心,哪怕是极其微小的微表情,孩子通常也能迅速感受到。对这类孩子最重要的支持就是自信心的保护,激发他的表达欲,但不要去催促。

6

Chapter Six

第六章　不会交朋友

一、刻板不灵活，不会加入游戏：一被拒绝就不知道怎么办的孩子

小区花园里，几个小姑娘埋头不知道在玩什么，我家京京也想加入，结果说了没两句话，就委屈地跑回我身边，带着哭腔说"她们不跟我玩"。我赶紧问："认识新朋友的确不容易，你是不是没按妈妈教你的说呀？"京京更委屈了："我就是按照你说的呀，先问了她们一句'我可以和你们一起玩儿吗？'然后一个小姐姐就对我说'不要跟你玩'！"我赶紧抱了抱京京，轻声细语地安慰起来。京京很快就不哭了，牵着我的手回家了。

第六章 不会交朋友

1 典型画像：不善于与同伴互动，非语言沟通差

这类孩子与同伴交往时，不懂得如何开启对话、维持互动和分享想法，主动参与和接触同伴时，会表现得刻板笨拙，还可能有不懂礼貌、不尊重同伴的行为。他们在非语言沟通方面比较弱，如面部表情、肢体语言都会显得比较单调和生硬，也很少关注同伴的点头、微笑等非语言信号，更不善于使用这些信号来表达自己的想法。有时他们难以准确感知和理解别人的情绪，当同伴有情绪反应时难以做出恰当的回应。

2 错误回应：包办代替、批评指责、贴标签或泛泛回应

如果你包办代替、过度保护，回应孩子"没事儿，别担心，妈妈会帮你处理好的，"可能会剥夺孩子学习和实践的机会，让他更加依赖父母。

如果你批评指责孩子："你怎么就这么笨，连跟别人说话都不会！别人怎么就不愿意带你玩儿？"会让孩子感到自己很无能，加剧社交恐惧和焦虑。

如果你给孩子贴标签："你在跟人社交上就是不行！"会让孩子限制对自己的认知，阻碍他尝试改变和成长。

如果你关注了孩子，但是缺乏具体持续的指导，只是偶尔泛泛回应："别人怎么做你就怎么做！""别人说什么你不用管，你就在一起玩儿就行了！""跟你说过好几遍了，这次不管了，你自己想办法吧！""怎么老出问题呢？自己动脑子好好想想怎么办，动脑筋总会有办法！"这样会让孩子打消寻求帮助的勇气，慢慢就会降低社交意愿，更加喜欢独处。

3　支持性回应：拓展认知和社交路径

从家庭进入幼儿园，再从幼儿园进入小学，孩子所需要适应的，不仅仅是生活空间、成长环境和学习内容这些"显性"的改变，还有诸多"隐性"的改变，比如人际交往规则、自主自信、获得安全感和归属感、融入同伴群体的能力、受到同伴群体接纳的程度、调控情绪情感的能力，等等，都是孩子社会化过程中的关键发展点。随着年龄增大和社交经验的不断累积，跟以前的自己相比，所有孩子的社交都变得更加纯熟和"丝滑"，交往活动变得更加复杂，充满曲折迂回和往复交互，孩子需要更灵活、坚韧、坚定和包容，不断更新社交方式。

三岁孩子往往都是羞涩胆怯的，此时受欢迎的孩子

第六章　不会交朋友

多是干净整洁、乖巧有礼貌、活泼友好的孩子。社交胜任感取决于孩子是否"敢于参与和表达"。到了四岁，越来越多的孩子有了稳定的小伙伴，孩子们的社交主要取决于是否兴趣广泛和"乐群"，稍微有一些主动意愿和参与能力，基本就能和大家玩儿到一起，很少会被拒绝。但是到了五六岁之后，孩子在同伴交往中所面临的挑战，早已不是缺乏主动胆量的"社交退缩"，也不是缺乏技能的"社交低能"，而是即使有社交意愿也有社交技能，有时也会表现出"社交笨拙感"，即在社交中虽然懂得很多，做得也很多，但就是没办法胜任"社交"这件事情，时不时就会受挫，就好像储备了很多知识学问，但一到考试的时候还是会"不及格"，脑子里已经有的内容根本用不上。

其中的问题就在于，孩子没有能力自主地更新和修正旧有的社交模式，还在沿用年幼时的社交方式与同伴进行互动。此时需要你帮助孩子拓展认知和社交路径，丰富孩子的社交见识。

孩子"刻板不灵活，不会加入游戏"的现场，你该如何回应

当务之急，是帮助孩子掌握建立同龄人友谊特有的行为模式。随着朋友圈的建立，孩子们越来越拥有属于群体内的行为规则。比如一个游戏怎么玩，什么时候说什么"暗语"，甚至是一个零食怎么吃，这些小事情越来越成为群体内达成共识的"小秘密"，孩子们也往往会依据这些行为信号判别对方是否为自己的"好朋友"。

你不能简单地认为按照几个现成的步骤培养孩子就能做好，最好能够捉住"社交情境"，带着孩子及时进行"共同复盘"。当孩子面对社交挫败时，你必须要有足够的共情，没有这一步，复盘只是灌输说教，难以起到预期效果。具体分为两步：

首先，站在孩子立场上，陪着他宣泄情绪。可以这样回应："他们怎么能不带你玩儿呢？还是姐姐呢，不懂得照顾你这个小弟弟？""她们不跟你玩，你很伤心吧？"如果孩子很需要，一定要多抱他一会儿；如果他忍不住哭了，更不要否定，就让他哭吧，在爸妈温暖的怀抱里，从熟悉的气息中获得安全感，修复受伤的心灵。

其次，在孩子情绪稳定后，重返现场，教给孩子一些"鲜活"的招式。例如上面的案例，家长可以陪着孩子一起看看那几个小姑娘到底埋头在做什么，然后再采取行动。让孩子跟她们一样蹲下来有共同注意的对象，发表自己的看法，提供新想法，主动分享一些新玩具，

通过带来新价值赢得同伴的接纳。看到人家正在挖掘土里的小石头，可以说："这个灰色石头能当粉笔用，咱们挖出来去地上写字！""用我的小木棍吧，它是尖尖的，挖起来更省力！""我有矿泉水，要不咱们倒进去，土变软了就好挖啦！"让孩子明白这样的道理：想要进入新群体就要准备足够多的新点子，突破已经形成的圈子，和大家交互起来。

帮助"刻板不灵活，不会加入游戏"的孩子，你后续该如何回应

虽然孩子们也会存在很多同伴之间的模仿行为，但是随着他们越来越有自己的主见、语言表达能力不断增强，换位思考能力也在不断精进。为此，你需要帮助孩子把握小朋友的社交规则，持续启发孩子社交的灵活性。

一是要让孩子学会在小范围内深度地建立友谊。孩子越大，越会有自己长久深度互动的朋友，逐渐形成在幼儿园内外都喜欢在一起玩耍的小圈子。面对已经形成的小圈子，如果没有足够的吸引力，即使新来的孩子再有礼貌、表现得再友好，也很有可能加入不进去，因为这时群体对新成员的接纳早已不停留在对方是否有亲社会行为的层面，而是对方是否足够有趣、有能力为当前

支持性回应
搭建亲子互动的脚手架

的活动带来新鲜的点子,增加游戏的乐趣。所以,当孩子被吸引想要参与时,如果只是用"我想、我能不能、我可以吗"这样的搭讪询问,十之八九会受到漠视或者是被明确地拒绝,因为这样的"意愿式社交"完全是站在自己的立场上表达诉求——你有社交诉求,但是在没有感情基础的前提下,别人玩得好好的,为什么要接纳你这个新成员?所以被拒绝是非常正常的事情,孩子完全不需要引发过多的负性情绪陷入其中。家长帮助孩子结交固定的玩伴,是很重要的回应内容。

二是通过耐心沟通坚持自我的能力。即使已经跟同伴玩到一起了,也有很多时候会遭遇挑战。因为在这个阶段,每个人都有自己的想法和观点,都有自己想要游戏的目的,互动过程中势必会产生冲突。但正是这些"不同"才能促使孩子学会如何在理解他人的前提下坚持自己的表达,通过不断地沟通达成和谐的人际关系,实现优质的合作。其间必然免不了需要时刻调控自己的情绪情感,为实现自己的最初目标进行不断沟通。

你可以通过下面的例子进一步了解小孩子的沟通和社交。小 A 搬来一摞小隔离堆。刚放下不久,小 B 跑来说:"你怎么搬走了?我们组还需要这个呢!""那我们也需要啊!我们都准备好用它们弄个圆圈了!""那不行!我们也肯定需要的!还给我们!"正在僵持的时

第六章 不会交朋友

候,小C出了个主意:"那你们石头剪刀布吧!谁赢了谁就用!"这时,小A主动说话了:"那不行,赢了也不能都拿走,大家都需要呢!咱们看看一共有几个,分一分一起用吧?行吗?你们需要几个呀?"就这样,一场没有硝烟的"战争"以小A的主动解决得以化解,虽然只是一句话,但却很明显地体现了他的"灵活、情绪调控和领导力"。不难发现,处于社交互动的双方都需要能够处理好自己的角色,满足对方的期待,控制好自己的想法和情绪,尽可能让游戏进行下去。

撤除"刻板不灵活,不会加入游戏"孩子的"脚手架"

在社会适应中,"同化"和"顺应"都是可以走得通的路径,但前者需要强大的"领导力"。对于社交不灵活、能力弱的孩子,前期可以多尝试被他人影响、与他人更加相似,待到获得足够的人气、有强大的影响力时,才能有能力"同化"别人,让别人顺应自己的想法。所以,你的"脚手架"撤除会来得晚一些,大多数时候处在"隐形"支持的状况比较好。

"刻板不灵活,不会加入游戏"孩子的其他问题

你需要做足准备,这些回应和支持并不是一朝一夕的事情，大多数人毕生都在提升社交能力。孩子也必然是要经过锲而不舍地重复演练，方能实现社交能力的螺旋式提升。你要特别关注避免讲过多目标性的大道理，多给孩子提供情感支持和具体持续的帮助。

二、吵架后难受，不懂怎么和好：独自悲伤的小伙伴

轩轩和我们家豆豆住在同一个小区，两个孩子上同一所幼儿园。在幼儿园里，他们两个就是好朋友，幼儿园放学后也经常在一起玩。可是，最近两个人却像陌生人似的不说话了。我觉得奇怪，就问豆豆怎么回事，问了半天，豆豆也不说是什么原因。我又跟老师反映了这一情况，老师想起来这么一件事：几天前在一次区域活动中，轩轩和别的小朋友一起玩游戏，豆豆想让轩轩和自己玩，可是轩轩玩得正起劲儿呢，没理睬豆豆，豆豆很生气，说："我再也不跟你做好朋友了。"好像就是从那天开始，豆豆就没有再和轩轩一起玩了，友谊的小船就这样说翻就翻了！

1 典型画像：起冲突后情绪反应大，不知如何处理

这类孩子经历冲突后，情绪波动大，反应强烈，长

第六章 不会交朋友

时间处于悲伤、愤怒或焦虑的状态，难以平复自己的情绪，容易陷入负性情绪中无法自拔。他们面对冲突时，缺乏有效的沟通技巧，不知如何表达自己内心需求和感受，重视关系也渴望和解，但因为不知如何开口而选择沉默。他们可能会主动选择不交往，减少再次冲突的风险，或者是担心自己的主动和解会被拒绝，担心自己"错上加错"，更担心失去朋友，关系恢复不到从前的样子。这些自责和担忧都让孩子表现出不采取行动、难受地忍耐的状态。

2 错误回应：批评指责或消极等待

有些家长忽视孩子的情绪，直接进行批评教育，把自己的交朋友规则硬塞给孩子："他不跟你玩儿，你再找新朋友呗！"

消极等待："没事儿！过两天他就该来找你玩儿了！""你们都是小孩子，还这么较真儿啊！真是太好笑啦！"

这些回应都会让孩子情绪更加糟糕，感到更加难受。

不分青红皂白就对孩子进行指责："玩得好好的，怎么就吵架了呢？""你怎么轻易地就说不做朋友了呢？你这样可不是好朋友的做法！"对孩子面临的困惑不进行详细的归因和分析，只是一味地否定结果，孩子不知道自己具体错在哪里了，分不清责任所在，也无法从这件事情当中汲取教训，从而建立适宜的交友规则，学会处理朋友之间的小矛盾。

3 支持性回应：深入理解友谊，克服自我中心

随着年龄的增长，特别是进入幼儿园以后，孩子们的人际关系和社会交往的重心逐渐由家庭成员转向了同龄小伙伴。与小伙伴之间的同伴关系，作为孩子成长过程中重要的近端影响因素，对孩子的身心发展都有着不容忽视的独特作用。

孩子的同伴关系通常包括两个维度。

一是同伴接纳，即小伙伴群体对某一个孩子的接纳程度。有的孩子属于比较受欢迎的，有的孩子则属于容易被拒绝的，还有的孩子属于被忽视的，等等，同伴接纳是一种单向的社会关系。

二是友谊，指两个个体之间发展起来的充满情感的相互关系，如案例中的豆豆和轩轩就是建立了友谊关系。友谊是一种双向关系，具有亲密性、互惠性、忠诚性等特点。深厚良好的友谊能够促进孩子的协商、分

享、合作等诸多亲社会行为的发生和发展,进而丰富孩子的社会交往技能,以及提高孩子们的社会适应能力。因此,友谊关系在孩子的社会生活中占有举足轻重的地位,会在很大程度上影响着他们的情绪情感,也会在内心深处牵动着他们的社交心理活动。

从豆豆后续的行为反应来看,豆豆对好朋友的拒绝表现出了比较强烈的敏感性,在情感上受到了一定程度的伤害,以至于好长时间都不愿意再和好朋友一起玩耍,主动选择切断友谊关系,远离好友。这说明孩子存在的重要问题是自我安抚力不足,同时还存在对冲突解决的恐惧与回避、对朋友关系的认知和归因上有偏差等问题,这些都需要回应和支持。

孩子"吵架后难受,不懂怎么和好"的现场,你该如何回应

首先你需要非常敏感,及时发现孩子遭遇的小困境。应对态度上要明确:问题只有暴露出来,才能得到解决,成长中遭遇的"小危机",都酝酿着孩子成长的"小契机"。在孩子学习建立社会关系的初级阶段,友谊的小船,当然不能说翻就翻。小漏洞出现后,要及时修复,帮助孩子在补救过程中获得优质的友谊,提升社交技能。具体可以采取以下步骤:

首先，进行情感上的共鸣和接纳。你对孩子所有教育的前提基础，都理应是对他情感的关注和支持。孩子遭遇朋友拒绝后，发现孩子有长时间的伤心，你要表达知晓和同情，甚至可以表达对轩轩的质疑和不满，让孩子把内心深处负性的感受全部疏导出来。增强自我安抚力，通过**动作类"脚手架"**，帮助孩子自我放松。

其次，在孩子情绪平复后，通过**聊天**，先调动一些美好记忆，再帮助孩子调整对友谊深入的认知，引导孩子进行换位思考，做一些假设："如果你正和别人玩，轩轩叫你，你会怎么做？你会拒绝吗？为什么你会那样做？如果你拒绝了，就是不喜欢轩轩了吗？"也可以趁机植入积极的想法："我是轩轩，我没跟你玩不是不想跟你做朋友了，而是不想停下这个游戏，但确实应该跟你解释一下。"这些回应能够帮助孩子克服以自我为中心，深化理解友谊中的相处原则，建构理性而非"占有式"的同伴关系。

最后，要通过回应去除孩子对拒绝的敏感性，提升积极性理解。不难看出，孩子对于同伴拒绝过于敏感，有些孩子因为家庭内经常遭遇到父母的拒绝，这种无助的经历和解决办法，会自动迁移到同伴互动中。为此，你在拒绝孩子的时候，要特别注意先跟孩子解释清楚，

当孩子能够理解和接受以后再拒绝,有助于孩子学习不惧怕拒绝。

帮助"吵架后难受,不懂怎么和好"的孩子,你后续该如何回应

如现场回应中所分析的,孩子会有这样的行为反应,在很大程度上也符合其相应年龄上的认知发展特点,说明他对友谊的理解还比较表浅,不够深化,思维上有一定的自我中心化,更多地把友谊当作是满足自己需要的一种关系,在受到朋友轩轩的拒绝之后,认为对方没有顺从自己,令自己感觉到了背叛,也感受到了被拒绝的痛苦。

有研究者基于深层和表层两类结构对友谊的内涵进行了解释,深层结构指幼儿对友谊的理解,即"友谊意味着什么",这属于一种认知层面上的理解;表层结构指幼儿实际具体的外在行为表现,即在友谊过程中的社会交流与互动。这两类结构有相互作用的关系:作为表层结构的幼儿社交经验的丰富和社交技能的增加,会加强幼儿对友谊的深层理解;同时深层结构中对友谊理解的提升,也会反过来促进幼儿社交技能的发展。

案例中豆豆的表现可以界定为对友谊理解的单向帮助阶段(4~9岁),处于这一阶段的幼儿认为顺从自己的朋友才能保持友谊；后续阶段为双向帮助阶段（6～12岁），这一阶段的幼儿认为友谊具有相互性，但仍有一定的功利性；直到9～15岁，才会发展到亲密的共同关系阶段，孩子们逐渐认识到理解、忠诚、共同兴趣是友谊的基础。

　　在交往过程中，豆豆认为轩轩是自己的好朋友，在被拒绝的时候，恰恰因为他更多地表现出坚持了自我中心化，只是一味地感受到了自己的情感不舒服，完全没有结合实际，考虑到轩轩当时所处的情境，也不能依据具体的现实情况，对轩轩的拒绝给予进一步的理解和解释，才使得后续无法采取适宜的社交行动，如包容、再去找朋友玩、主动跟朋友分享自己的心情、让朋友知晓自己的在乎，等等，不能做出积极的友谊修复努力，而是采取赌气式的排斥性做法，再也不找朋友玩，只会积累越来越多的负性情绪。

　　为此，你需要花费更多时间来帮助孩子理解友谊的双向性，具体可采取**假装游戏**中的角色扮演活动，也可以通过自编交友故事，将孩子的身份与小伙伴交换，完成换位思考的实践演习，在做足了这些准备后，可以陪伴孩子一起去跟小伙伴进行和好，邀请对方一起游戏或者来家里做客。

撤除"吵架后难受,不懂怎么和好"孩子的"脚手架"

当两个孩子又开始在一起玩耍时,你最初可以多提醒孩子要注意理解他人,有不满及时沟通表达,一旦两个孩子能够独立应对这些小矛盾时,你便需要及时撤除你的帮助和干预,留给孩子们一个自然成长的空间,不要剥夺他们正常吵架和闹别扭的机会,这样他们才能判断出是否可以继续做朋友,以及学会珍视友谊。

"吵架后难受,不懂怎么和好"孩子的其他问题

孩子难免因为过于重视感情,而对同伴抱有超高的期望。如果遇到毕业、换学校、搬家这些事情,可能会面临断了跟老朋友或同学的关系,需要结交新朋友。这些特殊时期,你需要关注孩子的情绪情感,有必要时帮助他们渡过难关。

三、没有固定玩伴,找不到归属感:"玩无定所"的孩子

我看到人家孩子都开始有自己的好朋友了,可是我问儿子谁是他的好朋友,他总说"都是"。问他喜欢跟朋友玩什么,他通常都是含含糊糊地回答"啥都玩"。

支持性回应
搭建亲子互动的脚手架

好几次我看见他说的几个好朋友一起玩儿，他跟着这个人跑跑，跟着那个人跑跑，好像完全没有存在感，跟个隐形人似的，人家都不怎么在乎他，他像是个可有可无的人。

1 典型画像：被动社交，情绪低落

这类孩子在与同伴玩耍时，有时还没有和玩具做伴收获的快乐多，常处于被动地位，缺乏与他人建立亲密关系的能力。由于缺乏归属感，孩子大部分时间情绪比较低落，很少出现特别兴奋和喜悦的状态。他们对家庭依赖感比较强，由于缺乏与同龄人的深度关系，在群体中常处于无足轻重的地位，更愿意围绕在父母身边。他们面对新事物，可能会不愿意尝试，对新环境适应能力弱，比其他孩子适应更慢。

2 错误回应：传递焦虑，安排朋友，贬低友谊

看到自家孩子跟同龄人玩不到一块去，你可能会感到焦虑和担忧，如果你把自己的这些负面感受传递给孩子，如"你怎么就没有朋友呢？""玩的时候你啥想法都没有？只能听别人的？"孩子就会觉得自己很有问题，增加社交压力，更不愿意把跟同伴交往的事情跟你

第六章 不会交朋友

分享。

看到孩子这般境况，如果你强行给孩子安排朋友，不考虑孩子的意愿，如"别担心，我们帮你找朋友！下周就给你找几个朋友来家一起玩儿！"这样回应更容易让孩子感到尴尬和不自在，还有可能因为你找来的朋友跟孩子兴趣、爱好和性格都不合适，他们根本无法建立真正的友谊，使得孩子对社交产生越来越多的抵触情绪。

通过贬低朋友的价值，忽视孩子的感受来进行消极应对，如"朋友也没有那么重要！别太在意了！有爸爸妈妈爱你就够了！""干吗老因为朋友伤心啊？可别犯傻啊！不跟你玩拉倒！"这种回应的积极效果都是暂时的，在后续的时间里如果缺乏同伴的交流互动，让孩子错失与各种孩子交往的机会，将不利于他社会能力和适应能力的发展，越来越加剧孩子的孤独感和孤立感。

3 支持性回应：先处好亲子关系再建立同伴关系

三四岁以后，孩子慢慢建立同伴关系，这是他们与父母的亲子关系之后，又一重要的社会关系。有些孩子，没有父母的刻意教授也能跟同伴相处得很好，自然而然交到很好的朋友。但也有的孩子跟你的孩子一样，无法自然而然获得这样的社会关系,需要特别的学习和引导。

为什么孩子跟你相处很好,却无法与同龄人建立友谊?这时你要好好观察和分析一下,孩子跟你相处时究竟是什么样子?大多数情况下,是不是都是你做主?你安排好的事情,孩子通常很少反对?孩子提出了要求,你都会尽可能满足?生活中遇到任何问题,都是你冲在前面,帮助孩子解决?如果是这样,你可能正在养育着"绵羊"式的孩子,乖顺听话,也很少产生亲子冲突,你们的相处也总是"和风细雨"。这种"象牙塔"式的家庭环境,很多时候却剥夺了孩子很多的成长机会。

在这样的家庭里长大,孩子无须动任何脑筋来处理社会关系,一切都如孩子所愿,想什么就有什么,想怎样都可以,孩子不需要刻意表达、展示自己,也不需要观察别人的脸色和想法,完全生活在一个纯自我的状态。当孩子走入社会,与同伴交往,必然会处处碰壁。因为同伴关系中大家都是同龄人,语言交流、想法沟通等都会有很大的挑战性,需要孩子调动和使用很多社交策略,而这对你家"小白"孩子来说,困难重重。

所以,你需要在现有的亲子关系中,帮助孩子尽快学习一些同伴互动的意识、技巧,提高他与同伴交往的

第六章 不会交朋友

能力。

孩子"没有固定玩伴,找不到归属感"的现场,你该如何回应

多花一些时间,观察孩子跟同伴玩耍的现场,这样你就能够找出更多的机会,帮助孩子提高存在感,加深小伙伴对孩子的认可和关注度,从而获得更多互动的机会。

休息间隙,不是宽泛地问孩子"喜欢跟谁玩?谁是你的好朋友?"而是采用**追问**,帮助孩子认清自己的交友倾向,了解自己的内在心意,懂得筛选朋友。"五个小朋友中,你最喜欢跟谁一起玩?玩过什么?为什么最喜欢?""我看你一直追着某某跑,你是最想跟他一起玩吗?""你跟着他跑,是喜欢跟他玩,还是他跑得最快?还是因为他跑得最慢,你能够跟得上?"通过这些问题刨根问底,你可以帮助孩子锁定交友目标。

观察孩子们的游戏,如果条件合适,你可以主动参与孩子们的游戏,成为临时组织者,这不仅能够带动自家孩子的参与度,还能延长孩子跟同伴在一起的时间,如"老鹰捉小鸡"这种传统的游戏,深受孩子们的喜爱;你还可以提供一些工具,比如一个"足球",这些可以共同玩起来的物品都会很适合,只要关注孩子们的

支持性回应
搭建亲子互动的脚手架

安全即可。"躬身入局"之后,你就源源不断地找到帮助孩子发展同伴关系的机会。

"谁来说说咱们怎么玩?""他的提议很好,咱们试试?""每个人都得有踢球的机会,咱们轮流来吧!"你在社交中的经验,完全能够帮助孩子把控节奏,因为你的参与,别的孩子也会加深对你家孩子的印象和好感,以后主动邀请孩子一起玩的机会也会大大增加。

帮助"没有固定玩伴,找不到归属感"的孩子,后续你该如何回应

首先,没有同伴一起玩的时候,你跟孩子不要再坚守"父母角色",而是要扮演孩子的同龄人角色,故意给孩子出难题、不同意他的想法,请求他的帮助,询问他要玩什么,跟他出现小争执,跟他争夺玩具,等等,为孩子营造一个"同伴模拟场景",让孩子有更多的机会学习与同伴深入交往的技巧和策略。

其次,让孩子有机会跟比自己年龄不同的孩子一起游戏,跟弟弟妹妹在一起互动,年龄上的优势容易给孩子带来能力上的优势,可以把之前积累的成功经验反复练习和运用;与哥哥姐姐一起玩耍时,可以通过当个"小跟班",来用心学习大孩子更加高级的社交策略,学习到不同于同龄人的游戏玩法。这个"取经"过程非常

第六章 不会交朋友

重要，能够在让孩子后续跟同龄伙伴互动时获得优越感。

我接待过的一个初中生，说自己小学一年级时有段时间特别受同学欢迎，大家都会效仿他做事情，他的做法就是从一位哥哥那里学来的，比如在一块橡皮上把自己名字的拼音首字母写上，用废旧的彩笔帽盖上铅笔头、用一只四色圆珠笔在树上做标记，这都在一时间"引领了潮流"，意外赢得了小伙伴的好感。

最后，大量的阅读和认知学习，也能帮助孩子找到和同伴的共同语言，找到归属感。除了鼓励孩子自己阅读，你还可以邀请其他小朋友来家里、去附近的图书馆、绘本馆、博物馆等场所共同"学习"，而不只是相约玩耍，孩子们有了相同精神营养的摄入，更容易成为好朋友、建立友情。有个小朋友一直没能交到好朋友，后来他自己酷爱阅读，经常跟小伙伴分享科学知识，小伙伴会主动跟他请教，很"崇拜"他，玩什么都要带上他一起，后来孩子又爱上了"三国演义"和"西游记"，创造出很多新游戏，随着孩子对游戏的创新，他身边也围拢了很多好朋友，孩子也找到了在同龄人之间的归属感。

撤除"没有固定玩伴，找不到归属感"孩子的"脚手架"

孩子交到一两个好朋友后，你就可以慢慢撤除曾经的"脚手架",不要继续干预孩子的社交,而是让孩子按照自己的想法去选择朋友和建立友谊。如果你总是为孩子出主意,那就很容易成为孩子的"拐棍",让孩子没有办法在同伴交往中真正独立起来,形成自己的社交规则,找到爱好相同,性格相投的真正朋友。

"没有固定玩伴,找不到归属感"孩子的其他问题

因为最初是你帮助孩子在亲子关系中不断学习如何建立同伴关系,孩子在很多关键时刻对你可能会有依赖,同时也有可能很矛盾地反感和抗拒你的帮助,主要源于他们还会不时地有自卑和挫败感,引发了无力、怀疑等消极情绪。对这些内容孩子曾经有过体验,就会时不时冒出来施加影响,这时你一定要沉住气,多倾听即可,尝试采用孩子的成功经验来鼓励他继续探索自己的交友历程。

四、受到同伴排斥,缺乏吸引力:徘徊在人群外的孩子

孩子特别喜欢跟小伙伴一起玩,见到同龄小朋友就兴奋得不行。每当他跟别人玩一会儿后,别人就会把他驱赶走,不让他玩儿了。比如一个游戏需要四个人,现

第六章 不会交朋友

在有五个人，他肯定是最先被淘汰的孩子。受了不公平的待遇，也没有好朋友帮助他，感觉他不能走到别人的心里去，缺少同伴吸引力。

1 典型画像：不懂社交和游戏规则，表达能力差

这类孩子常在社交场合表现出不适宜的行为，如过度兴奋、毛手毛脚破坏游戏成果、存有攻击性、情绪不稳定；缺乏必要的社交技巧和表达能力，当进行轮流游戏和分享时，常常不能表达自己的想法和感受；过于斤斤计较，喜欢挑剔，性格内向，容易表现出手足无措，无法为游戏的继续提供新的点子和增加趣味性；能力比较弱，游戏中常处于弱势地位，跟不上大家游戏的节奏，如跑不快、没力气、没办法、说不清楚话，影响游戏的进程，拖大家的后腿；遇到冲突时，表现得很怯懦，缺少担当，不愿意承担责任，很少受到关注和支持。

2 错误回应：指责、鼓励报复或强加干涉

看到孩子受到同伴排斥，你可能既心疼孩子又替孩子着急，可能会采取以下不适宜的回应方式：

对孩子进行指责："为什么人家不喜欢跟你玩儿？

是不是你又做什么让人家不高兴的事情了？"即使问题真的出在孩子身上，他也没有这种反思能力，况且有时也是别人的问题，孩子会感到自卑和气愤。

鼓励孩子去报复："人不犯我我不犯人，别人要是故意欺负你，你也故意不理他们，不跟他们玩！"会让孩子从小就习得以牙还牙、以暴制暴的问题解决方式，到头来不利于孩子形成积极健康的社交理念。

替孩子出头，强加干涉："我明天就去找那个孩子的父母，这么小的孩子怎么就拉帮结派的，让他们必须跟你玩。"这样做经常帮不到孩子，让同伴觉得孩子就会告状，更会受到排斥，还有可能引发同伴和其他家长的共同反感，招惹不起你们家孩子，不约而同地远离你们家孩子。

3 支持性回应：提高同伴接纳度

受到同伴排斥的孩子，想要提升在同伴中的地位，并不是一下子就需要得到更多孩子的接纳，这样的状态对孩子来说实在太难，孩子还需要很多中间过渡的阶段。

首先，孩子可以先成从被排斥的孩子过渡到被忽视和一般地位的孩子，这需要戒除孩子招同伴反感的一些

第六章 不会交朋友

言行举止，如有的孩子特别喜欢搂抱同伴，即使同伴抗议也要用力搂抱，甚至和同伴一起摔倒在地上了，对方小朋友都哭了，孩子还不懂得停止眼前的举动。诸如此类的事情就要首先解决孩子互动的方式方法，其他小朋友发现孩子主动改变了，才会撤除"排斥"。

其次，当孩子没有受到那么多"负性"关注之后，还需要解决受欢迎和影响力的问题，再次提高同伴接纳度。已有研究结果表明，亲社会行为多、共情能力强、心理理解能力高、游戏能力高的孩子更容易受到同伴的欢迎，为此你需要对接孩子的实际情况，把握住孩子发展上的优势，帮助孩子获得更多能力，提高其同伴接纳度。

孩子"受到同伴排斥，缺乏吸引力"的现场，你该如何回应

当孩子遭遇排斥时，如果有必要先将孩子带离现场，可以在不远处找个安静的地方，帮助孩子平复好情绪，有时孩子会大声喊叫、不依不饶，有时孩子会伤心难过、情绪低落，无论如何你都要先"看见"孩子的情绪，适合采用各种动作类"脚手架"回应孩子，如**拥抱**、**捏按**等，同时用简单的语言提醒孩子："先平静下来再说！别着急，咱们慢慢来！一会儿还能回去跟他们

一起玩。"

稍后可以尝试使用各种言语类"脚手架"回应孩子，主要目标便是帮助孩子"审视"自己刚才的行为，如果恰好有录像可以放给孩子看，也可以把你看到的情况说给孩子听，不要因为担心刺痛孩子就回避事实，一味地追求"风平浪静"，这是帮助孩子借助于拓展认知来提升情绪调控能力的好时机，帮助孩子进行梳理和解释，让孩子走出自己的视角，体验他人的感受，进一步理解别人排斥自己的原因。

"你正玩得开心，有人突然从后面抱住你，不让你动，你有什么感觉？会不会生气？""你说了松手，他还是不听，你想不想打他？""咱们现在试一试，假装我是你，你是那个小朋友，我突然从后面抱住你！来，试一下！"一边解释，一边再演习一遍，更能帮助孩子理解他人的行为，知晓自己言行的不适宜性，这比单独讲道理会更加有效。

帮助"受到同伴排斥，缺乏吸引力"的孩子，你后续该如何回应

首先培养孩子察言观色的能力，帮助孩子建立依据他人心理活动来进行社交互动的规则，提高孩子主动帮助他人的意识。这些内容可以通过家庭生活中碎片化的

第六章 不会交朋友

练习加以完成,不要单独训练。如你工作累了,孩子正好在旁边游戏。你可以故意发出一些"唉声叹气"的声音,引起孩子的关注,对着空气说:"好累啊!真想吃个苹果啊!"反复念叨,直到孩子做出友善的行为时,你要用肢体语言回应孩子,表达你的感激。动作记忆会让孩子对这个事件记忆更加深刻。

其次,培养孩子解决问题的能力。这是提高孩子吸引力的有效办法。群体中更受欢迎的个体,往往是那些在智力、情感上能够起到引领作用的孩子,如果孩子目前还不具备这样的能力,可以鼓励孩子"憨厚"一些,多为别人着想,多奉献和付出一些,慢慢孩子就能感受到"友者生存"而不仅仅是"适者生存"的重要规则。比如另外几个孩子需要把一块大木板搬到更远的地方去,这时孩子的小车正好挡住了去路,如果孩子能够主动把车推过去,用自己的小车帮小朋友们拉木板,就能够收获很大的敬佩和感谢。虽然耽误了自己的游戏,但得到了同伴的认可,还激发和锻炼了自己解决问题的能力。

这些灵活的办法,同样可以在生活中培养,比如你从超市买了好多东西回家,需要搬上楼,可以让孩子给你想想办法,怎么才能一次性拿上去呢?看似小事情,日积月累中却能够培养孩子的统筹意识。孩子的办法会越用越多，所以你要尽可能为孩子提供历练的机会。

最后，主动培养孩子的包容度。可能你担心孩子会因为太包容，而在同伴相处时会吃亏，受委屈，其实不然。包容的孩子往往会见识更多、吸收更多，不容易与同伴发生冲突，更懂得协调不同人的需求和资源，秉承最优原则来处理事情，不会钻牛角尖。如果孩子在这方面的能力特别弱，你可以让孩子刻意练习一些表征兼顾的句式，如对"既……也……""尽管……但是……""不仅……而且……"这些句式的使用，不仅能够帮助孩子暂时缓解情绪波动，还会有助于他们专注满足多人要求，尊重他人，悦纳不同，达到"美美与共"的美好境界。

撤除"受到同伴排斥，缺乏吸引力"孩子的"脚手架"

在后续引导时，密切关注孩子的发展阶段和状态，即使孩子做得没有那么尽善尽美，只要孩子乐于尝试，你都要积极撤除你的"脚手架"。支持并不意味着你一定要做什么，很多时候也在于你懂得不做什么。

"受到同伴排斥，缺乏吸引力"孩子的其他问题

一旦孩子形成被排斥的地位，想要调整都会很有

第六章 不会交朋友

难度。如果恰逢孩子换幼儿园、学校、搬家这样的变动,却是一个为孩子改善同伴关系的好机会,可以多加关注。想要帮助孩子在已有的环境中实现逆袭,则需要你调控好孩子的情绪,做到持续性付出,耐得住中间的挫败。